손뜨개가 정말 쉬워지는
코바늘 기초 테크닉

감수 **박진선**(바늘이야기 대표 강사)

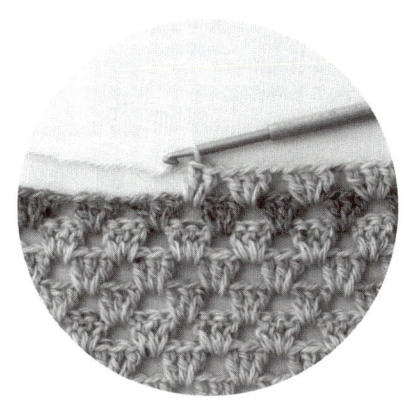

BM 황금부엉이

Contents

뜨개실과 코바늘	4
코바늘뜨기 기호 보고 뜨기	6
게이지 측정하기	60
평뜨기와 환편뜨기	61
편물의 겉과 안	62
코 세는 법	62
기둥코 만들기	63
다음 단으로 올라갈 때 편물 돌리는 법	64
코 만들기와 첫 번째 단에서 코 줍기	65
아랫단에서 코 줍기	68
코 늘리기	71
코 줄이기	76
기울어지는 편물 바로잡기	81
뜨개 마무리하기	81
뜨개실 잇기	82
편물 잇기	83
편물 꿰매기	88
배색실 바꾸기	93
배색 무늬뜨기	95
모티브 뜨기	98
단춧구멍과 단춧고리	105
끈 만들기	107

기호	명칭	쪽
○	사슬뜨기	6
●	빼뜨기	7
×	짧은뜨기	8
×	이랑뜨기(평뜨기일 경우) 줄기뜨기(환편뜨기일 경우)	9
⚡	바늘 돌려 짧은뜨기	10
∼×	되돌아 짧은뜨기	11
T	긴뜨기	12
⟙	1길긴뜨기	13
⟚	2길긴뜨기	14
⟛	3길긴뜨기	15
⟜	4길긴뜨기	16
◊	긴뜨기 3코 구슬뜨기	17
◈	1길긴뜨기 3코 구슬뜨기	18
◉	2길긴뜨기 5코 구슬뜨기	19
8	긴뜨기 3코 변형 구슬뜨기	20

코바늘뜨기 기호

기호	명칭	쪽
	1길긴뜨기 3코 변형 구슬뜨기	20
	끌어내어 긴뜨기 3코 구슬뜨기	21
	긴뜨기 5코 팝콘뜨기	22
	1길긴뜨기 5코 팝콘뜨기	23
	2길긴뜨기 6코 팝콘뜨기	24
	긴뜨기 1코 교차뜨기	25
	1길긴뜨기 1코 교차뜨기	26
	2길긴뜨기 1코 교차뜨기	27
	1길긴뜨기 1코 왼쪽 위 교차뜨기	28
	1길긴뜨기 1코 오른쪽 위 교차뜨기	28
	1길긴뜨기 1코 왼쪽 위·3코 교차뜨기	29
	1길긴뜨기 1코 오른쪽 위·3코 교차뜨기	29
	짧은뜨기 2코 넣어뜨기	30
	짧은뜨기 3코 넣어뜨기	30
	긴뜨기 2코 넣어뜨기	31
	긴뜨기 3코 넣어뜨기	32
	1길긴뜨기 2코 넣어뜨기	32
	1길긴뜨기 3코 넣어뜨기	33
	솔잎뜨기 (1길긴뜨기 5코일 경우)	34
	조개무늬뜨기	35
	짧은뜨기 2코 모아뜨기	36
	짧은뜨기 3코 모아뜨기	36
	긴뜨기 2코 모아뜨기	38
	긴뜨기 3코 모아뜨기	39
	1길긴뜨기 2코 모아뜨기	40
	1길긴뜨기 3코 모아뜨기	41
	1길긴뜨기 4코 모아뜨기	42
	짧은뜨기 앞걸어뜨기	43
	짧은뜨기 뒤걸어뜨기	43
	긴뜨기 앞걸어뜨기	44
	긴뜨기 뒤걸어뜨기	44
	1길긴뜨기 앞걸어뜨기	46
	1길긴뜨기 뒤걸어뜨기	46
	1길긴뜨기 X자뜨기	48
	2길긴뜨기 X자뜨기	49
	Y자뜨기 (1길긴뜨기일 경우)	50
	역Y자뜨기 (1길긴뜨기일 경우)	51
	짧은뜨기 링뜨기	52
	1길긴뜨기 링뜨기	53
	피코빼뜨기 (사슬뜨기 3코일 경우)	54
	피코뜨기 (사슬뜨기 3코일 경우)	55
	칠보뜨기	56
	1길긴뜨기 감아뜨기 (1길긴뜨기 롤뜨기)	57
	모눈뜨기	58
	그물뜨기 (물결뜨기)	59

뜨개실과 코바늘

뜨개실

뜨개에 사용되는 실은 소재, 모양, 굵기에 따라 여러 종류로 나눌 수 있습니다. 같은 작품이라도 사용한 실이 무엇이냐에 따라 느낌이 달라집니다.

뜨개실의 종류

실의 모양

스트레이트 얀
꼬임과 굵기가 일정하여 조직이 깔끔하게 표현됩니다. 굵기와 색이 다양하여 세밀한 무늬나 배색무늬를 뜰 때 사용하면 좋습니다.

네프 얀
2종류 이상의 실을 꼬아서 만든 것으로, 곳곳에 멍울이 있습니다. 편물에 악센트를 줄 때 사용하면 좋습니다.

슬러브 얀
네프 얀보다 마디가 길고 두껍습니다. 굵기가 일정하지 않아 불규칙한 효과를 만들 수 있습니다.

루프 얀
표면에 불규칙한 고리가 있는 실로, 뜨개 조직의 무늬가 확실하지 않아 천 같은 느낌을 만들 수 있습니다.

부클레 얀
루프 얀보다 고리가 작고 세밀하게 들어가 있습니다.

모헤어
앙고라산양의 털로 만든 실로, 털이 길어 푹신한 느낌을 만들 수 있습니다.

퍼(fur) 얀
털 길이가 길어 모피 같은 편물을 만들 수 있습니다.

실의 소재

실의 소재로는 울, 알파카, 아크릴, 실크, 나일론, 폴리에스테르, 모헤어, 레이온, 앙고라, 면, 마 등이 있고, 다른 소재의 실을 조합한 혼방사도 있습니다. 최근에는 오가닉 울과 오가닉 코튼, 염료를 일절 사용하지 않고 원사 본래의 색을 살린 실, 광물이나 초목으로 염색한 실 등 환경과 피부에 좋은 실도 많이 만들어지고 있습니다. 계절이나 작품에 맞는 소재를 선택하면 됩니다.

실의 굵기

실의 종류에 따라 굵기가 달라집니다. 오른쪽에 대략적인 굵기의 실이 나오는데, 실제로 이런 표기가 되어 있는 실은 많지 않습니다. 실을 선택할 때는 실에 붙어 있는 라벨에 표시된 적정 바늘의 굵기(호수)를 기준으로 합니다. 실이 가늘수록 조직이 세밀하고 얇은 편물이 되고, 굵을수록 조직이 거칠고 두꺼운 편물이 됩니다.

중세사 합태사 병태사 극태사 초극태사

코바늘

앞부분이 갈고리 모양으로 된 뜨개바늘입니다. 대나무, 경금속 등 여러 가지 소재로 만들어집니다.

코바늘의 굵기

코바늘의 굵기는 호수로 표시되며, 2~10호까지 있습니다(숫자가 커질수록 두꺼워집니다). 실의 굵기에 맞춰 코바늘의 호수를 선택합니다.

※ 10호보다 두꺼운 바늘은 '점보 코바늘'이나 '왕코바늘'이라고 합니다. 아래의 표처럼 호수가 아닌 밀리미터(mm)로 표시합니다.

호수	바늘 지름 (mm)	코바늘(실물 사이즈)	호수	바늘 지름 (mm)	코바늘 (12mm까지만 실물 사이즈)
2/0	2.0		점보 7mm	7.0	
3/0	2.2		점보 8mm	8.0	
4/0	2.5				
5/0	3.0		점보 10mm	10.0	
6/0	3.5				
7/0	4.0		점보 12mm	12.0	
7.5/0	4.5				
8/0	5.0		점보 15mm	15.0	
9/0	5.5				
10/0	6.0		점보 20mm	20.0	

바늘 지름 = 이 부분의 굵기를 표시한 것입니다.

뜨개실과 코바늘 잡는 방법

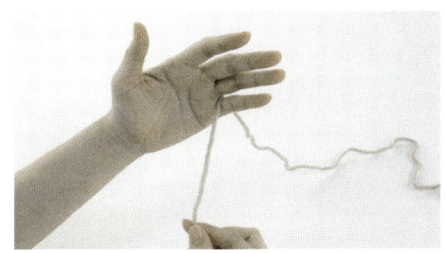

1 실을 왼손에 겁니다. 오른손으로 실 끝을 잡고, 왼손의 손등 부분에서 새끼손가락과 약지 사이에 넣습니다.

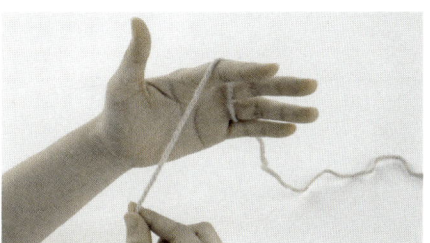

2 실을 중지와 검지 사이로 넣어 손등 쪽으로 보낸 후 검지에 겁니다.

3 엄지와 중지로 실 끝을 잡습니다. 검지에 걸친 실은 뜨개질을 할 때 바늘로 부드럽게 실을 빼낼 수 있도록 움직여서 조절합니다. 실이 늘어지는 경우에는 새끼손가락에 한 번 더 감아줍니다.

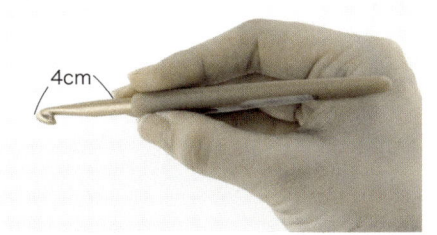

4 오른손의 엄지와 검지로 바늘 앞부분에서 4cm 정도 떨어진 부분을 잡습니다. 중지는 바늘 위에 가볍게 올려두고 바늘에 걸린 실이 미끄러질 경우 눌러줍니다.

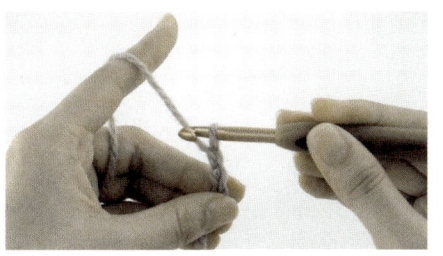

5 왼손으로 편물을 잡고, 오른손의 바늘로 떠줍니다.

코바늘뜨기 기호 보고 뜨기

사슬뜨기

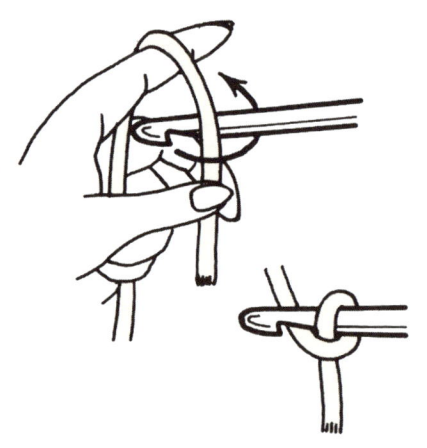

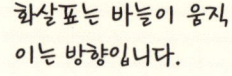
화살표는 바늘이 움직이는 방향입니다.

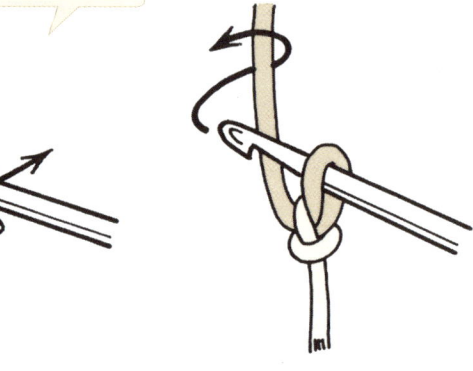

1 실의 뒤쪽에 바늘을 대고 화살표 방향으로 바늘을 돌립니다.

2 엄지와 중지로 교차된 실을 잡고 바늘에 실을 건 후 화살표 방향으로 실을 빼냅니다.

3 화살표 방향으로 바늘을 돌려서 실을 겁니다.

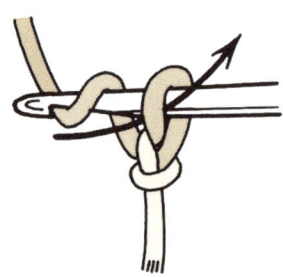

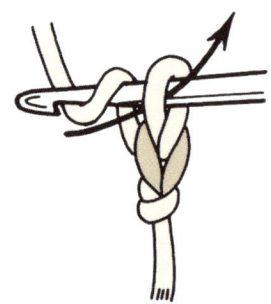

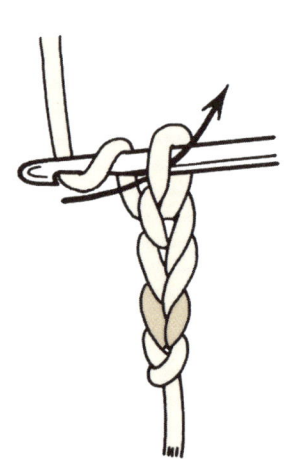

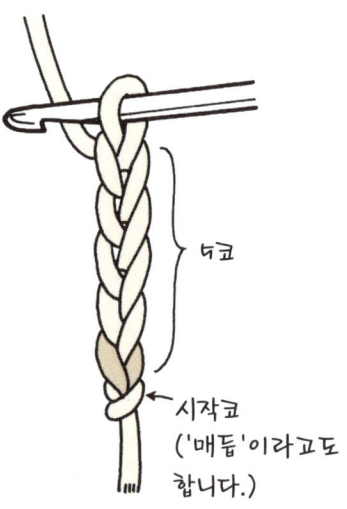

4 화살표 방향으로 실을 빼내면 사슬뜨기 1코가 떠집니다.

5 다시 3, 4번 과정을 반복해서 바늘에 실을 걸고 화살표 방향으로 빼내면 2번째 사슬코가 떠집니다.

6 3, 4번 과정을 반복합니다. 4번째 사슬코를 뜨는 모습입니다.

7 사슬뜨기를 5코 뜬 모습입니다. 시작코와 바늘에 걸려 있는 코는 세지 않습니다.

빼뜨기

짧은뜨기 위에 뜨는 경우

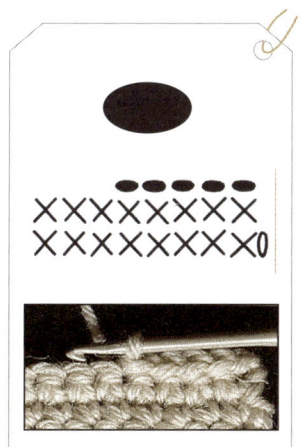

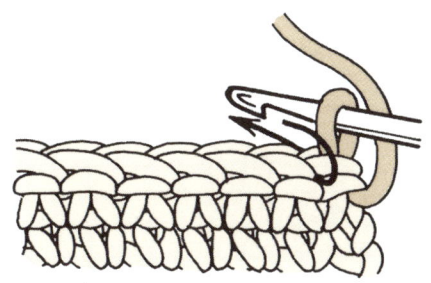

1 화살표 방향으로 바늘을 넣습니다.

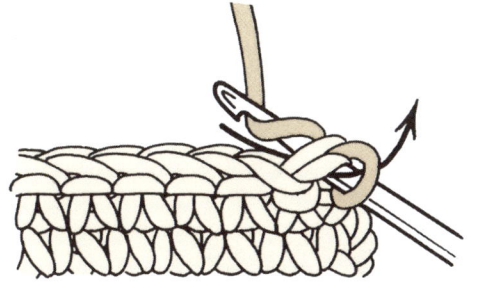

2 바늘에 실을 걸고 화살표 방향으로 한 번에 빼냅니다.

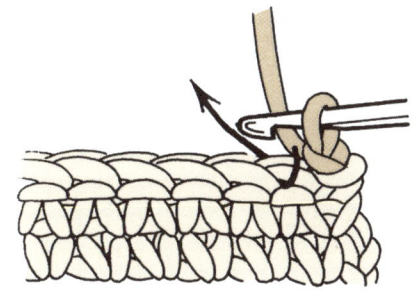

3 화살표 방향으로 바늘을 넣고, 2번 방법으로 바늘에 실을 걸어 한 번에 빼냅니다.

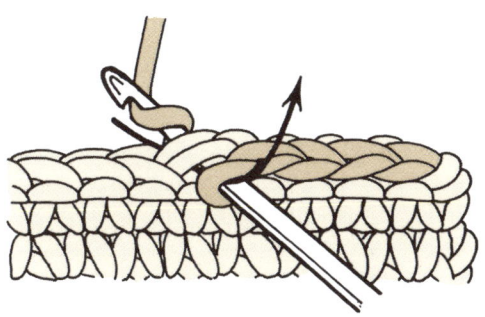

4 바늘에 실을 걸어 화살표 방향으로 한 번에 빼내는 것을 반복합니다.

1길긴뜨기 위에 뜨는 경우

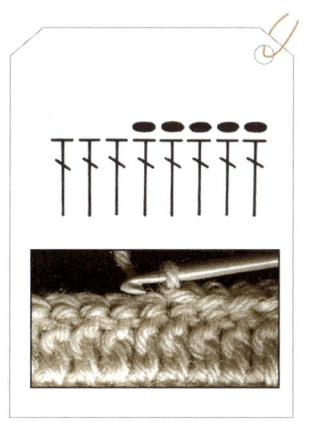

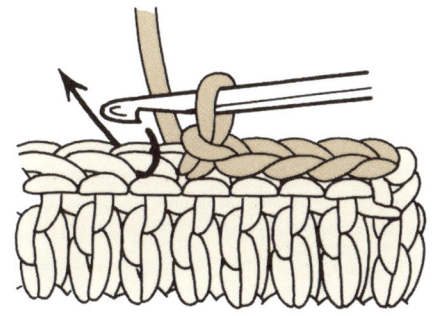

화살표 방향으로 바늘을 넣고, 짧은뜨기 위에 뜨는 것과 같은 방법으로 뜹니다.

짧은뜨기

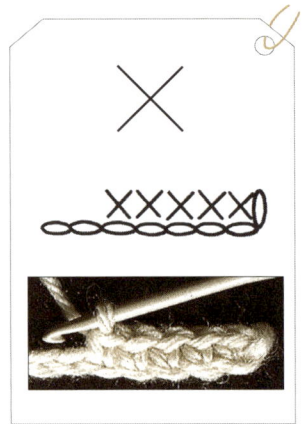

1 사슬뜨기 2번째 코에 화살표 방향대로 바늘을 넣습니다. 화살표 방향으로 바늘을 돌려 실을 겁니다.

2 걸린 실을 화살표 방향으로 빼냅니다.

3 바늘에 실을 걸어 화살표 방향으로 2개의 고리를 한 번에 빼냅니다.

4 짧은뜨기를 1코 뜬 모습입니다. 화살표 방향으로 바늘을 넣어 2, 3번 과정을 반복합니다.

5 1~3번 과정을 반복합니다. 기둥으로 세워진 사슬코는 1코로 세지 않습니다.

이랑뜨기 (평뜨기일 경우)

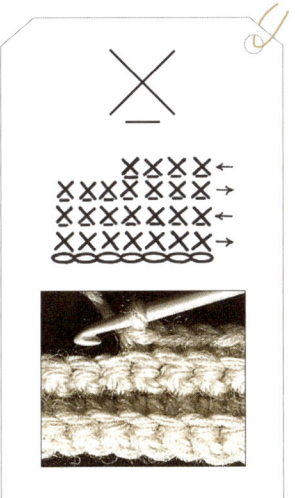

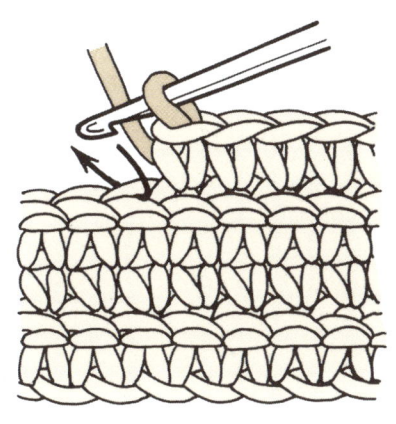

1 한 단을 뜰 때마다 편물의 앞뒤 방향이 바뀌게 됩니다. 화살표 방향대로 아랫단 사슬코의 뒤쪽 반코에 바늘을 넣습니다.

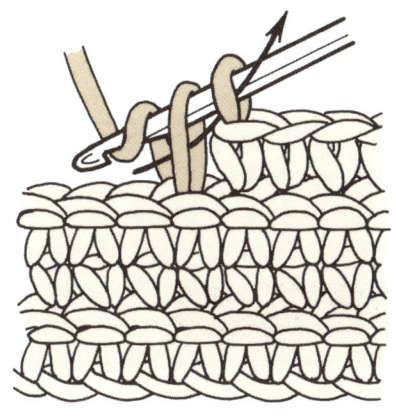

2 바늘에 실을 걸어 빼내고, 다시 실을 걸어 화살표 방향으로 2개의 고리를 빼내면 짧은뜨기가 떠집니다. 편물이 이랑 모양처럼 울퉁불퉁하게 나타납니다.

줄기뜨기 (환편뜨기일 경우)

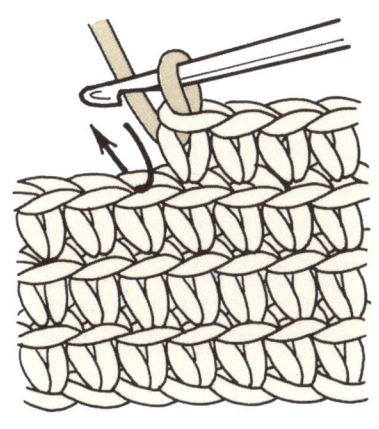

1 이랑뜨기와 같은 방법이지만 편물의 방향이 바뀌지 않습니다. 화살표 방향대로 아랫단 사슬코의 뒤쪽 반코에 바늘을 넣습니다.

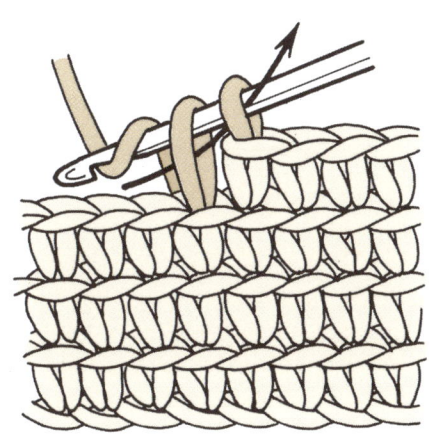

2 바늘에 실을 걸어 빼낸 후 다시 실을 걸어 화살표 방향으로 2개의 고리를 빼내면 짧은뜨기가 떠집니다. 편물의 앞쪽이 줄기처럼 나타납니다.

바늘 돌려 짧은뜨기

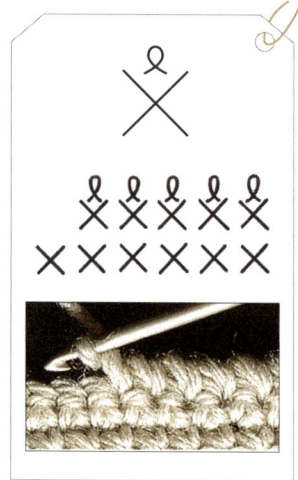

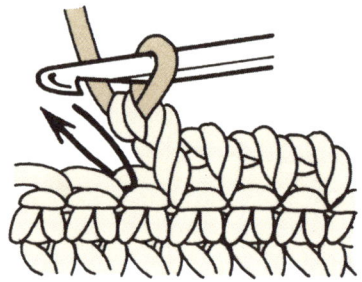

1. 화살표 방향으로 바늘을 넣고 실을 빼냅니다.

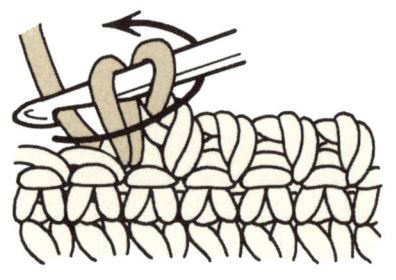

바늘째 1회전시킵니다.

2. 바늘을 화살표 방향으로 돌려 2개의 고리를 꼬아줍니다.

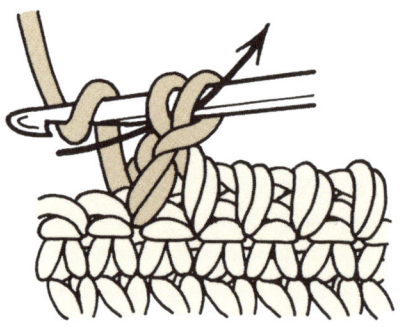

3. 바늘에 실을 걸고, 화살표 방향으로 2개의 고리를 한 번에 빼냅니다.

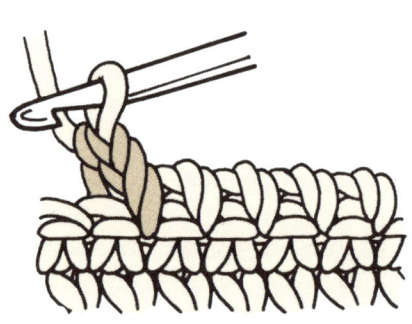

4. 1~3번 과정을 반복해서 뜹니다.

되돌아 짧은뜨기

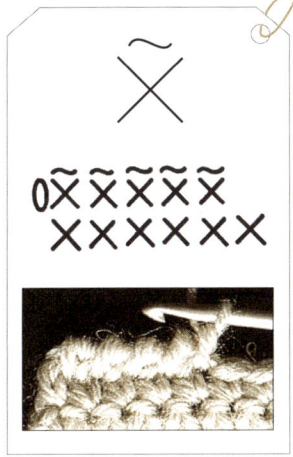

1 한 단이 끝나면 기둥으로 세워질 사슬뜨기를 1코 뜬 후 화살표 방향으로 바늘을 넣습니다.

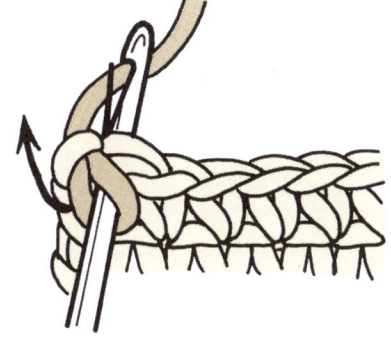

2 바늘에 실을 걸어 화살표 방향으로 빼냅니다.

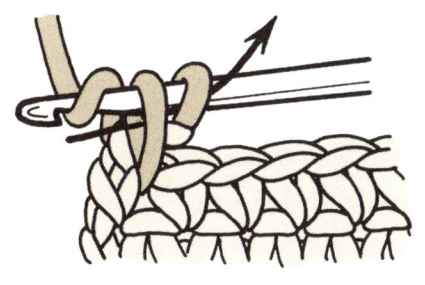

3 바늘에 실을 걸고 화살표 방향으로 2개의 고리를 한 번에 빼냅니다.

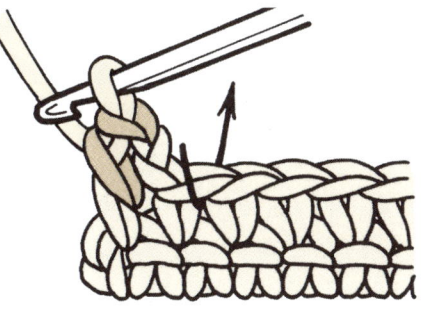

4 되돌아 짧은뜨기를 1코 뜬 모습입니다. 화살표 방향으로 바늘을 넣고 2, 3번 과정을 반복해서 뜹니다.

> 다른 것과 달리 왼쪽에서 오른쪽으로 진행합니다.

5 왼쪽에서 오른쪽으로 1~3번 과정을 반복해서 뜹니다.

긴뜨기

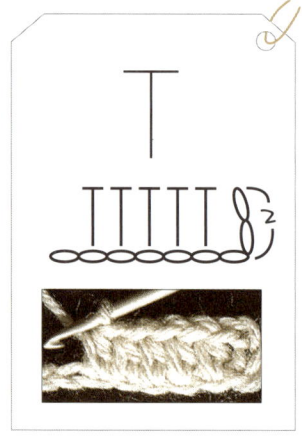

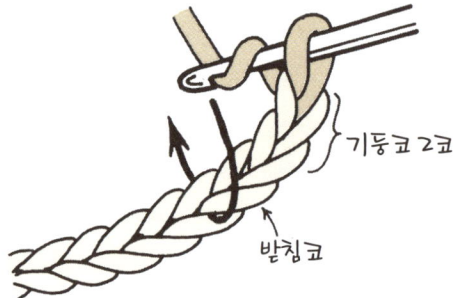

1 바늘에 실을 걸고 4번째 사슬코에 넣습니다.

2 바늘에 실을 걸고 화살표 방향으로 빼냅니다.

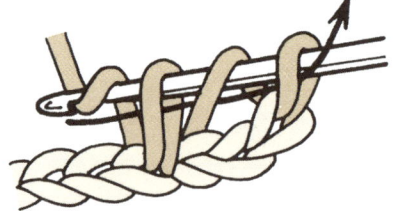

> 바늘에 걸려 있는 고리를 한 번에 빼냅니다.

3 바늘에 실을 걸고 화살표 방향으로 3개의 고리를 한 번에 빼냅니다.

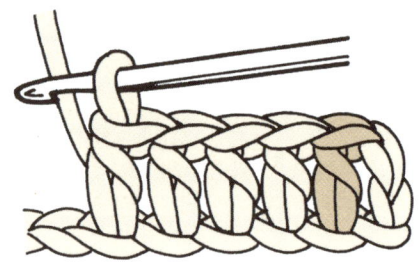

4 바늘에 실을 걸어 다음 코에 넣고 2, 3번 과정을 반복합니다. 기둥으로 세워진 사슬뜨기 2코는 긴뜨기 1코로 셉니다.

1길긴뜨기

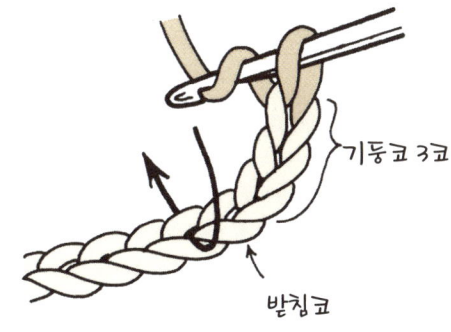

1. 바늘에 실을 걸고 5번째 사슬코에 넣습니다.

2. 바늘에 실을 걸고 화살표 방향으로 빼냅니다.

> 2개씩, 2회에 걸쳐 빼냅니다.

3. 바늘에 실을 걸고 화살표 방향으로 2개의 고리만 빼냅니다.

4. 다시 바늘에 실을 걸고 화살표 방향으로 2개의 고리를 한 번에 빼냅니다.

5. 바늘에 실을 걸어 다음 코에 넣고, 2~4번 과정을 반복해서 뜹니다. 기둥으로 세워진 사슬뜨기 3코는 1길긴뜨기 1코로 셉니다.

2길긴뜨기

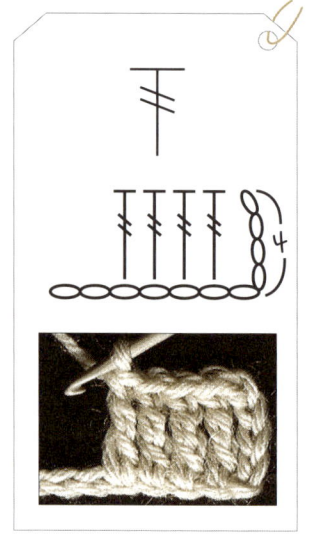

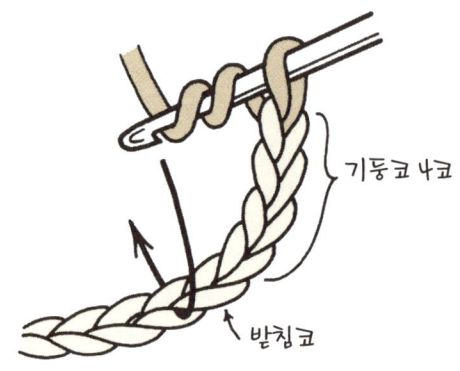

기둥코 4코
받침코

1 바늘에 실을 2번 감고 6번째 사슬코에 넣은 후 실을 걸어서 빼냅니다.

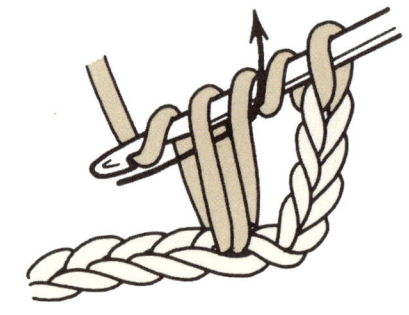

2 바늘에 실을 걸고 화살표 방향으로 2개의 고리를 빼냅니다.

3 다시 바늘에 실을 걸고 화살표 방향으로 2개의 고리를 빼냅니다.

4 다시 바늘에 실을 걸고 화살표 방향으로 2개의 고리를 한 번에 빼냅니다.

5 바늘에 실을 2번 감고 다음 코에 넣어 실을 빼낸 후 2~4번 과정을 반복해서 뜹니다. 기둥으로 세워진 사슬뜨기 4코는 2길긴뜨기 1코로 셉니다.

3길긴뜨기

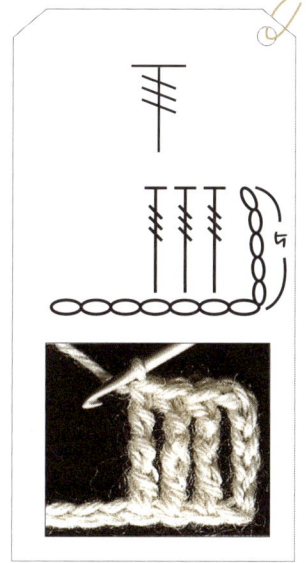

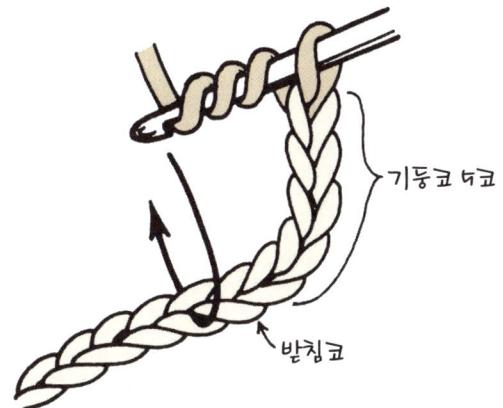

1 바늘에 실을 3번 감고 7번째 사슬코에 넣은 후 실을 걸어서 빼냅니다.

2 바늘에 실을 걸고 화살표 방향으로 2개의 고리를 빼냅니다.

3 다시 바늘에 실을 걸고 화살표 방향으로 2개의 고리를 빼냅니다.

4 다시 바늘에 실을 걸고 화살표 방향으로 2개의 고리를 빼냅니다.

5 다시 바늘에 실을 걸고 화살표 방향으로 2개의 고리를 한 번에 빼냅니다.

6 바늘에 실을 3번 감고 다음 코에 넣어 실을 빼낸 후 2~5번 과정을 반복해서 뜹니다. 기둥으로 세워진 사슬뜨기 5코는 3길긴뜨기 1코로 셉니다.

4길긴뜨기

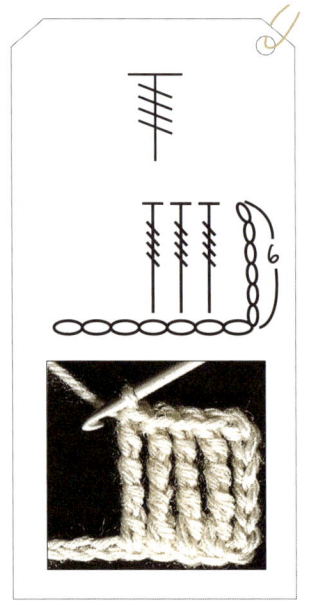

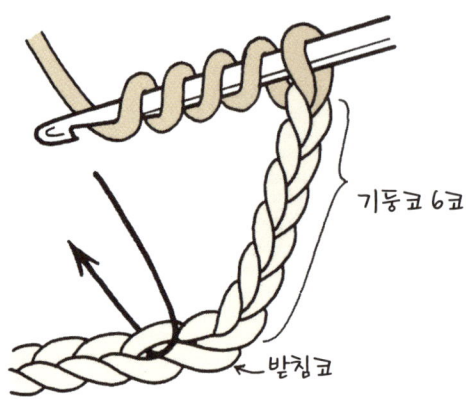

1 바늘에 실을 4번 감고 8번째 사슬코에 넣은 후 실을 걸어서 빼냅니다.

2 바늘에 실을 걸고 화살표 방향으로 2개의 고리를 빼냅니다.

3 바늘에 실을 걸고 화살표 방향으로 2개의 고리를 빼냅니다. 다시 바늘에 실을 걸고 2개의 고리를 빼냅니다.

4 다시 바늘에 실을 걸고 화살표 방향으로 고리를 2개씩 빼내는 것을 2회 반복합니다.

5 바늘에 실을 4번 감고 다음 코에 넣어 실을 빼낸 후 2~4번 과정을 반복해서 뜹니다. 기둥으로 세워진 사슬뜨기 6코는 4길긴뜨기 1코로 셉니다.

긴뜨기 3코 구슬뜨기

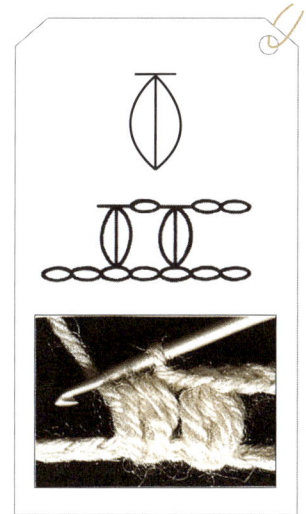

1. 바늘에 실을 걸고 화살표 방향대로 사슬코에 넣어 실을 빼냅니다.

2. 1번과 같은 방법으로 같은 코에서 2회 더 실을 빼냅니다.

> 바늘에 걸려 있는 실이 빠지지 않도록 단숨에 빼냅니다.

3. 바늘에 실을 걸고 화살표 방향으로 한 번에 빼냅니다.

4. 긴뜨기 3코 구슬뜨기를 뜬 모습입니다.

17

1길긴뜨기 3코 구슬뜨기

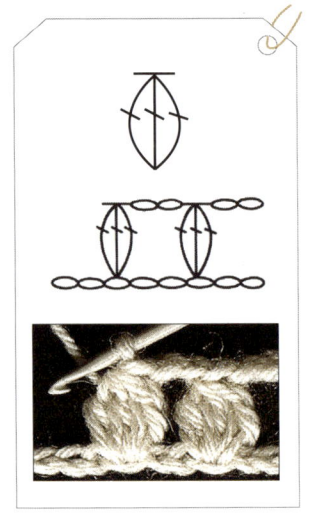

1 바늘에 실을 걸고 사슬코에 넣어 실을 빼낸 후 다시 바늘에 실을 걸어 화살표 방향으로 빼냅니다.

2 1번과 같은 방법으로 같은 사슬코에 미완성 1길긴뜨기를 2코 더 뜹니다.

'미완성'이란?

'미완성'이란 앞으로 한 번 더 빼내면 코(짧은뜨기나 1길긴뜨기 등)가 완성되는 상태를 말합니다.

3 바늘에 실을 걸고 화살표 방향으로 미완성 1길긴뜨기 3코와 코바늘에 걸려 있는 고리를 한 번에 빼냅니다.

4 1길긴뜨기 3코 구슬뜨기를 뜬 모습입니다.

2길긴뜨기 5코 구슬뜨기

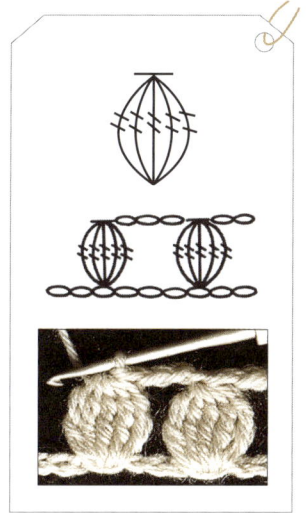

1 바늘에 실을 2번 감고 사슬코에 넣어 미완성 2길긴뜨기를 뜹니다.

2 1번과 같은 방법으로 같은 사슬코에서 미완성 2길긴뜨기를 4코 더 뜹니다.

한 번에 빼냅니다.

3 바늘에 실을 걸고 화살표 방향으로 미완성 2길긴뜨기와 바늘에 걸려 있는 고리를 한 번에 빼냅니다.

4 2길긴뜨기 5코 구슬뜨기를 뜬 모습입니다.

긴뜨기 3코 변형 구슬뜨기

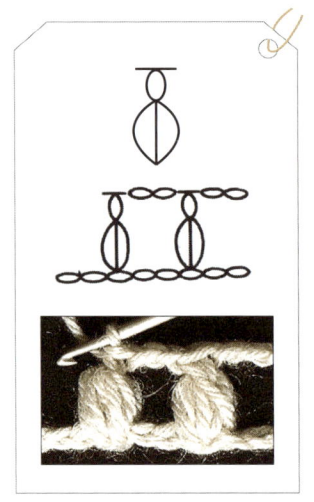

첫 번째 코
두 번째 코
세 번째 코

1. 긴뜨기 3코 구슬뜨기(17쪽 참고)와 같은 방법으로 같은 사슬코에 미완성 긴뜨기를 3코 뜬 후 바늘에 실을 걸어 화살표 방향으로 긴뜨기만 한 번에 빼냅니다.

2. 바늘에 실을 걸고 화살표 방향으로 2개의 고리를 한 번에 빼냅니다.

1길긴뜨기 3코 변형 구슬뜨기

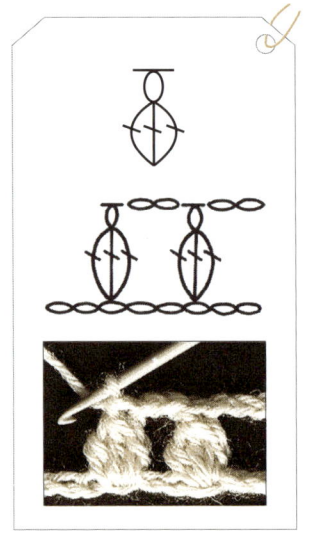

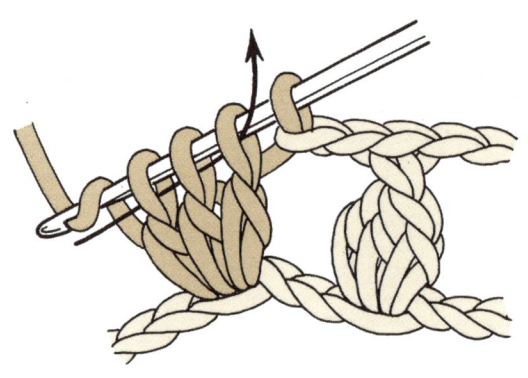

1. 1길긴뜨기 3코 구슬뜨기(18쪽 참고)와 같은 방법으로 같은 사슬코에 미완성 1길긴뜨기를 3코 뜬 후 바늘에 실을 걸어 화살표 방향으로 1길긴뜨기만 한 번에 빼냅니다.

2. 바늘에 실을 걸고 화살표 방향으로 2개의 고리를 빼냅니다.

끌어내어 긴뜨기 3코 구슬뜨기

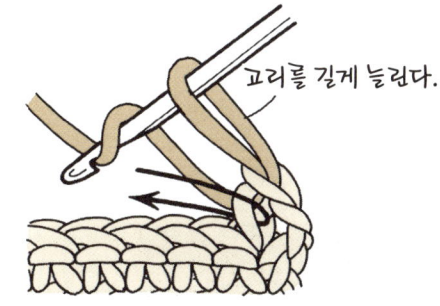

1 바늘에 걸려 있는 고리를 길게 늘리고 바늘에 실을 걸어 화살표 방향으로 넣습니다. 긴뜨기 3코 구슬뜨기(17쪽 참고)와 같은 방법으로 3번 더 실을 빼냅니다.

> 구슬뜨기가 옆으로 누운 느낌입니다.

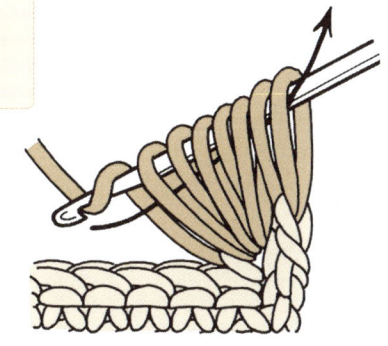

2 바늘에 실을 걸고 화살표 방향으로 한 번에 빼내면 끌어내어 세워 올려뜨기가 완성됩니다.

3 긴뜨기 3코 변형 구슬뜨기를 뜬 모습입니다.

3 1길긴뜨기 3코 변형 구슬뜨기를 뜬 모습입니다.

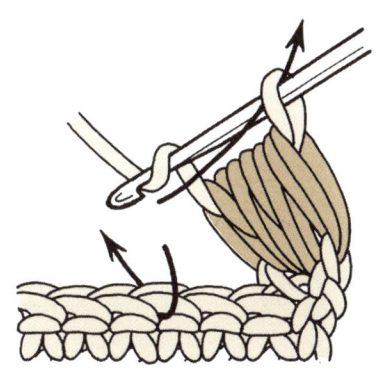

3 다시 바늘에 실을 걸고 빼내서 사슬뜨기를 1코 뜨고, 아랫단의 3번째 코에 바늘을 넣어 짧은뜨기를 합니다.

4 1~3번 과정을 반복해서 뜹니다.

긴뜨기 5코 팝콘뜨기

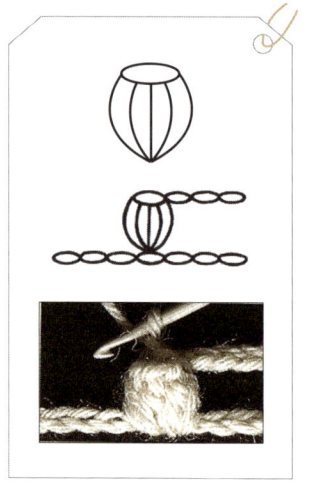

일단 바늘에서 코를 뺍니다.

1 같은 사슬코에서 긴뜨기를 5코 뜨고 바늘을 뺍니다.

2 바늘을 긴뜨기의 처음 코에 넣은 후 다시 바늘을 빼냈던 고리에 넣습니다.

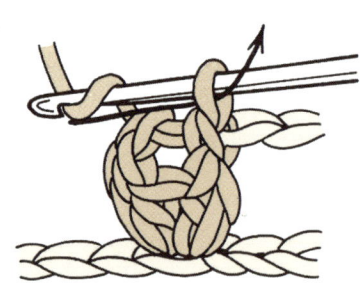

3 바늘을 넣은 고리를 화살표 방향으로 빼냅니다.

4 바늘에 실을 걸고 화살표 방향으로 빼내서 사슬뜨기를 합니다.

5 3번에서 빼낸 사슬코를 단단히 조입니다. 긴뜨기 5코 팝콘뜨기를 뜬 모습입니다.

1길긴뜨기 5코 팝콘뜨기

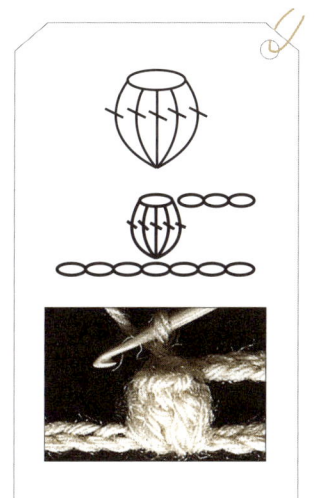

1 같은 사슬코에서 1길긴뜨기를 5코 뜨고 마지막 코에서 바늘을 빼냅니다. 바늘을 1길긴뜨기의 처음 코에 넣은 후 다시 바늘을 빼냈던 고리에 넣습니다.

2 바늘을 넣은 고리를 화살표 방향으로 빼냅니다.

3 바늘에 실을 걸고 화살표 방향으로 빼내서 사슬뜨기를 합니다.

4 2번에서 빼낸 사슬코를 단단히 조입니다. 1길긴뜨기 5코 팝콘뜨기를 뜬 모습입니다.

2길긴뜨기 6코 팝콘뜨기

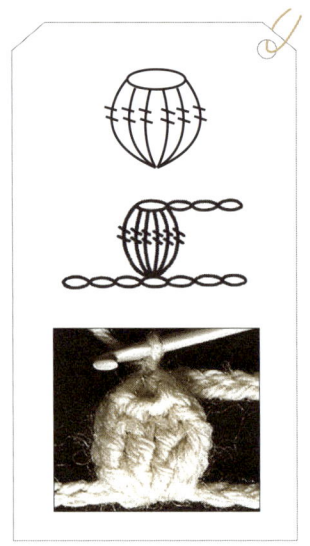

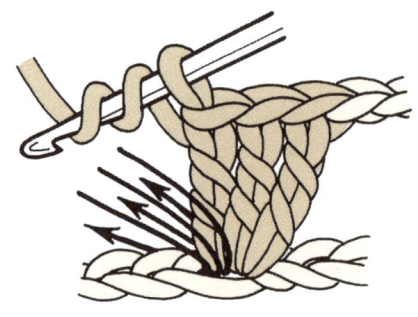

1 같은 사슬코에서 2길긴뜨기를 6코 뜨고 마지막 코에서 바늘을 빼냅니다.

2 2길긴뜨기의 처음 코와 바늘을 빼냈던 고리에 바늘을 넣은 후 화살표 방향으로 빼냅니다.

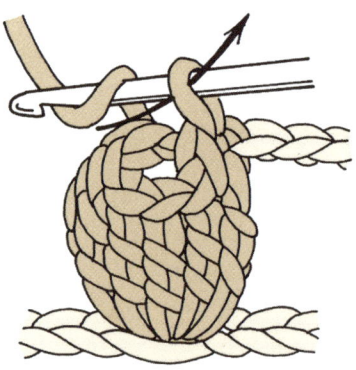

3 바늘에 실을 걸고 화살표 방향으로 빼내서 사슬뜨기를 합니다.

4 2번에서 빼낸 사슬코를 단단히 조입니다. 2길긴뜨기 6코 팝콘뜨기를 뜬 모습입니다.

긴뜨기 1코 교차뜨기

1 바늘에 실을 걸고 교차시킬 왼쪽 사슬코에 넣은 후 바늘에 실을 걸어 빼냅니다.

2 바늘에 실을 걸어 화살표 방향으로 한 번에 빼내고 긴뜨기를 합니다.

3 바늘에 실을 걸고 화살표 방향대로 오른쪽 사슬코에 넣습니다. 다시 바늘에 실을 걸고 왼쪽의 긴뜨기를 감싸듯이 빼냅니다.

4 바늘에 실을 걸고 화살표 방향으로 한 번에 빼내 긴뜨기를 합니다. 긴뜨기 1코 교차뜨기를 뜬 모습입니다.

1길긴뜨기 1코 교차뜨기

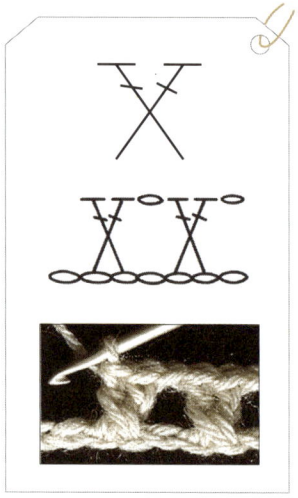

1 바늘에 실을 걸고 교차시킬 왼쪽의 사슬코에 넣은 후 바늘에 실을 걸어 빼냅니다.

2 바늘에 실을 걸고 2개의 고리를 빼냅니다. 다시 바늘에 실을 걸어 화살표 방향으로 빼내 1길긴뜨기를 합니다.

> 완성한 코에서 1코 되돌아가 바늘을 넣습니다.

3 바늘에 실을 걸고 1번에서 바늘을 넣었던 오른쪽 코에 넣은 후 실을 걸어 1길긴뜨기를 감싸듯이 빼냅니다.

4 바늘에 실을 걸고 화살표 방향으로 고리를 2개 빼냅니다.

5 바늘에 실을 걸고 화살표 방향으로 빼내어 1길긴뜨기를 합니다. 1길긴뜨기 1코 교차뜨기를 뜬 모습입니다.

2길긴뜨기 1코 교차뜨기

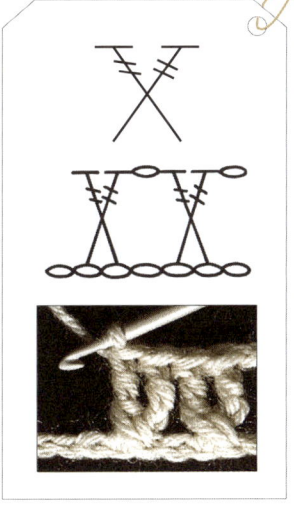

1 바늘에 실을 2번 감고 교차시킬 왼쪽 사슬코에 넣은 후 바늘에 실을 걸어 빼냅니다.

2 바늘에 실을 걸고 2개의 고리를 빼내어 2길긴뜨기를 합니다.

3 바늘에 실을 2번 감고 1번에서 바늘을 넣었던 오른쪽 코에 넣은 후 실을 걸어 2길긴뜨기를 감싸듯이 빼냅니다.

4 바늘에 실을 걸고 화살표 방향으로 고리를 2개씩 빼내어 2길긴뜨기를 합니다.

5 2길긴뜨기 1코 교차뜨기를 뜬 모습입니다. 늘어선 2길긴뜨기의 높이가 같아지도록 뜹니다.

1길긴뜨기 1코 왼쪽 위 교차뜨기

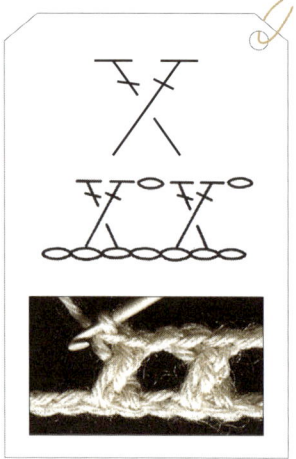

1 교차시켜 위에 올라올 1길긴뜨기를 합니다. 바늘에 실을 걸어 오른쪽 사슬코에 넣고, 1길긴뜨기의 뒤에서 실을 빼냅니다.

> 완성한 코의 뒤쪽에서 실을 빼냅니다.

2 바늘에 실을 걸고 화살표 방향으로 2개의 고리를 빼냅니다.

3 다시 바늘에 실을 걸어 화살표 방향으로 빼내고, 먼저 뜬 1길긴뜨기의 뒤에서 1길긴뜨기를 합니다.

4 1길긴뜨기 1코 왼쪽 위 교차뜨기를 뜬 모습입니다. 2개의 1길긴뜨기 높이가 같아지도록 뜹니다.

1길긴뜨기 1코 오른쪽 위 교차뜨기

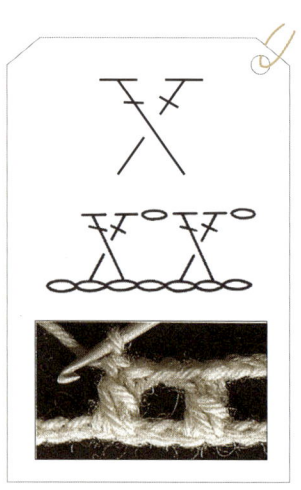

1 교차시켜 아래로 내려갈 1길긴뜨기를 합니다. 바늘에 실을 걸어 오른쪽 사슬코에 넣고, 1길긴뜨기 앞에서 실을 빼내서 1길긴뜨기를 합니다.

2 1길긴뜨기 1코 오른쪽 위 교차뜨기를 뜬 모습입니다. 2개의 1길긴뜨기 높이가 같아지도록 뜹니다.

1길긴뜨기 1코 왼쪽 위·3코 교차뜨기 / 1길긴뜨기 1코 오른쪽 위·3코 교차뜨기

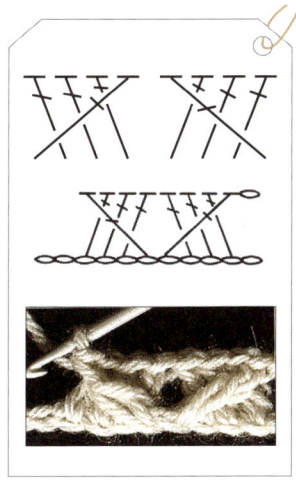

1 위에 올라올 1길긴뜨기를 1코 뜨고, 아래로 내려갈 1길긴뜨기 3코를 위에 있는 1코의 뒤쪽에서 화살표 방향으로 실을 빼내서 뜹니다.

2 바늘에 실을 걸어 화살표 방향으로 넣고 1길긴뜨기를 1코 뜹니다.

> 오른쪽으로 기운 것이 왼쪽 위, 왼쪽으로 기운 것이 오른쪽 위로 올라올 코입니다.

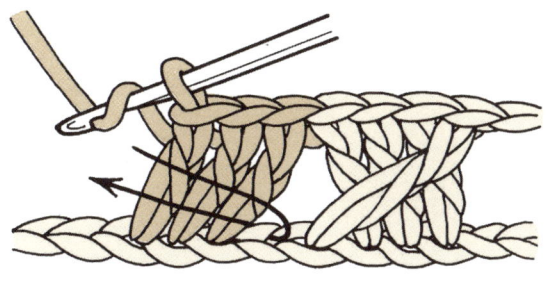

3 계속해서 1길긴뜨기를 2코 뜨면 뒤쪽이 될 3코가 떠집니다. 바늘에 실을 걸고 처음에 뜬 1길긴뜨기의 오른쪽 사슬코에 넣고, 3코의 1길긴뜨기 앞에서 실을 빼냅니다.

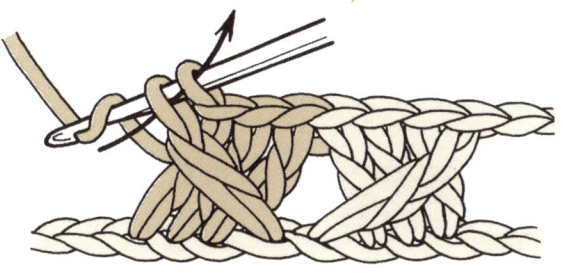

4 1길긴뜨기 3코 앞에서 1길긴뜨기 1코를 뜹니다.

짧은뜨기 2코 넣어뜨기

  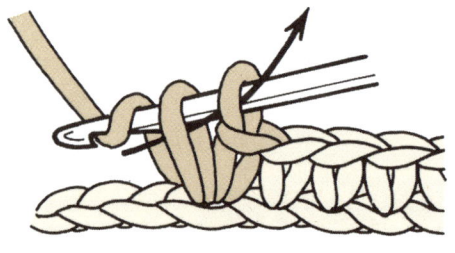

1 짧은뜨기를 1코 뜨고 같은 사슬코에 바늘을 넣은 후 실을 걸어 빼냅니다.

2 바늘에 실을 걸고 화살표 방향으로 빼내서 짧은뜨기를 합니다.

짧은뜨기 3코 넣어뜨기

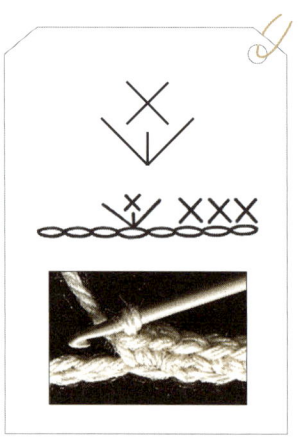 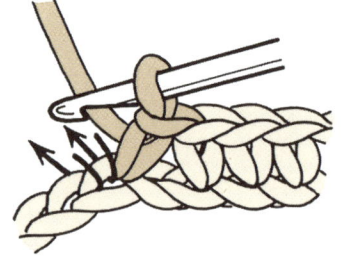 

1 짧은뜨기를 1코 뜨고 같은 사슬코에 바늘을 넣은 후 짧은뜨기를 합니다.

2 한 번 더 같은 사슬코에 바늘을 넣어 짧은뜨기를 합니다.

긴뜨기 2코 넣어뜨기

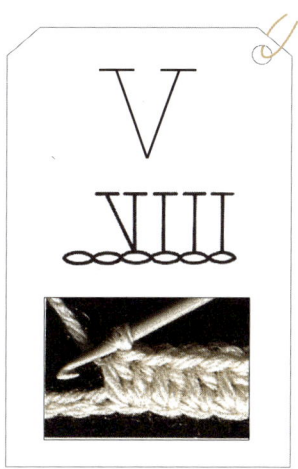

1 긴뜨기를 1코 뜹니다. 바늘에 실을 걸어 같은 사슬코에 넣고 실을 걸어 빼냅니다.

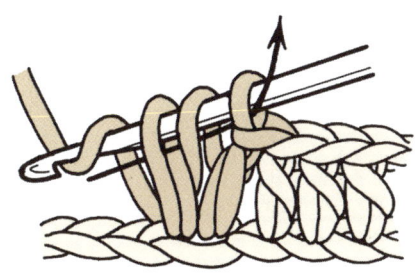

2 다시 한 번 바늘에 실을 걸고 화살표 방향으로 한 번에 빼내서 긴뜨기를 합니다.

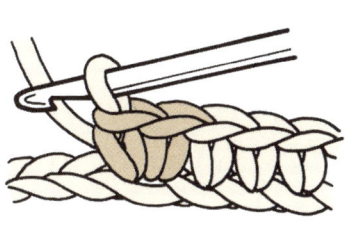

3 1코에 짧은뜨기 2코가 떠져 1코 늘어납니다.

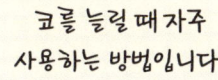

코를 늘릴 때 자주 사용하는 방법입니다.

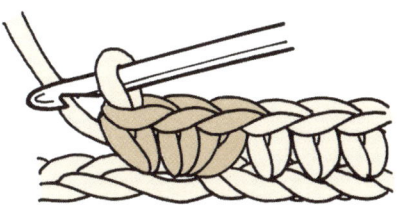

3 1코에 짧은뜨기 3코가 떠져 2코 늘어납니다.

3 1코에 긴뜨기 2코가 떠져 1코 늘어납니다.

긴뜨기 3코 넣어뜨기

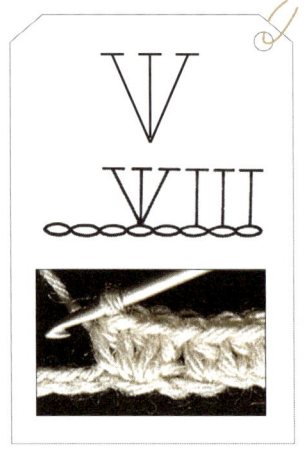

1 긴뜨기를 1코 뜹니다. 바늘에 실을 걸어 같은 사슬코에 넣고 긴뜨기를 합니다.

2 한 번 더 같은 사슬코에 바늘을 넣고 긴뜨기를 합니다.

1길긴뜨기 2코 넣어뜨기

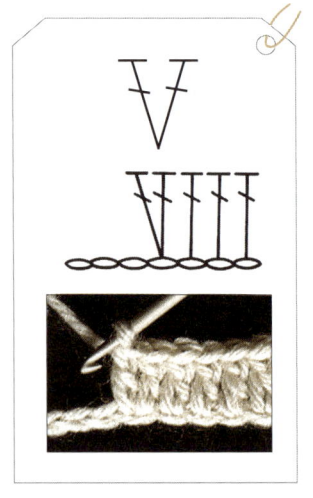

1 1길긴뜨기를 1코 뜹니다. 바늘에 실을 걸어 같은 사슬코에 넣고 실을 걸어 빼냅니다.

2 바늘에 실을 걸어 고리를 2개씩 빼내면 1길긴뜨기가 됩니다.

1길긴뜨기 3코 넣어뜨기

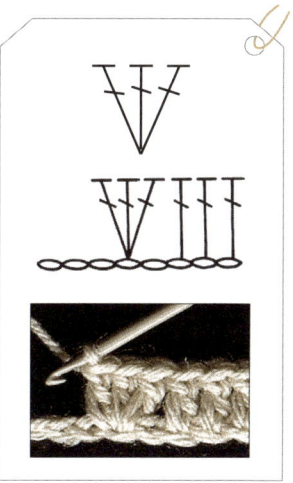

1   1길긴뜨기를 1코 뜹니다. 바늘에 실을 걸어 같은 사슬코에 넣고 1길긴뜨기를 합니다.

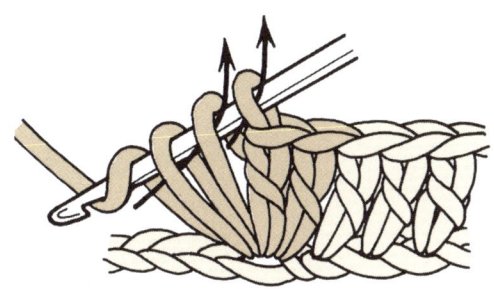

2   한 번 더 같은 사슬코에 바늘을 넣고 1길긴뜨기를 합니다.

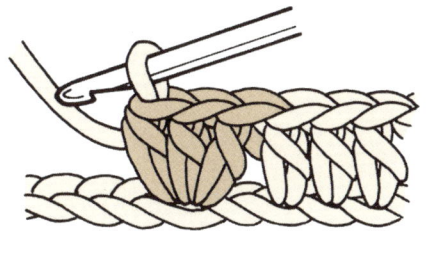

3   1코에 긴뜨기 3코가 떠져 2코 늘어납니다.

> 코를 늘릴 때 자주 사용하는 방법입니다.

3   1코에 1길긴뜨기 2코가 떠져 1코 늘어납니다.

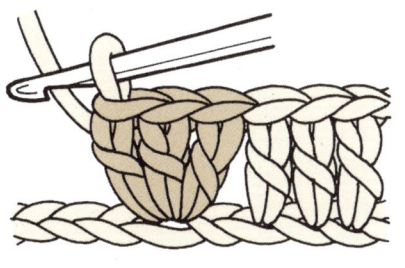

3   1코에 1길긴뜨기 3코가 떠져 2코 늘어납니다.

솔잎뜨기 (1길긴뜨기 5코일 경우)

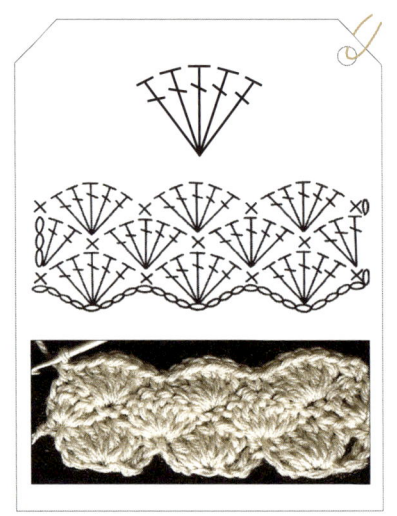

1 짧은뜨기를 1코 뜨고, 4번째 코에 1길긴뜨기를 5코 뜹니다.

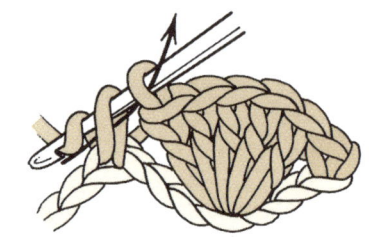

2 4번째 코에 짧은뜨기를 1코 뜹니다.

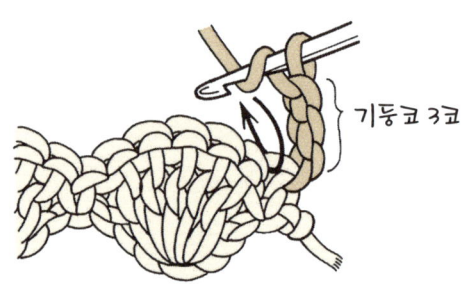

3 다음 단은 사슬뜨기 3코로 기둥을 세우고 화살표 방향으로 아랫단의 짧은뜨기에 바늘을 넣어 1길긴뜨기를 2코 뜹니다.

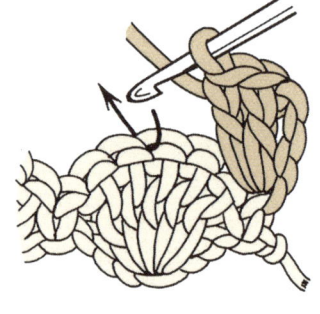

4 화살표 방향으로 아랫단의 1길긴뜨기 5코의 가운데 코에 바늘을 넣고 짧은뜨기를 합니다.

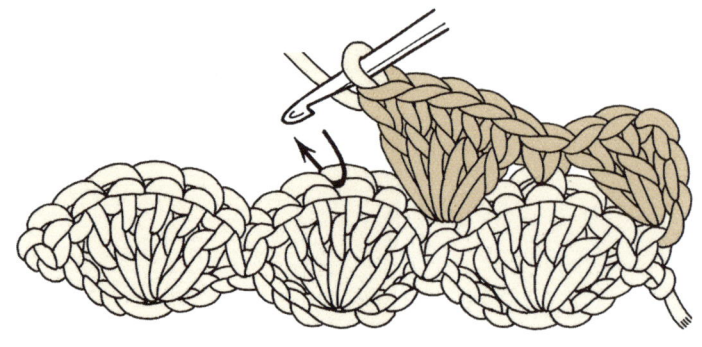

5 같은 방법으로 아랫단의 짧은뜨기에 1길긴뜨기를 5코 뜨고, 가운데 1길긴뜨기에 짧은뜨기를 1코 뜹니다.

조개무늬뜨기

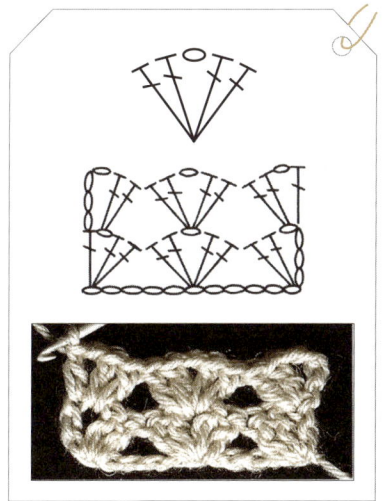

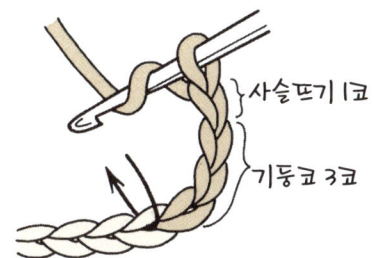

1. 사슬뜨기 3코로 기둥을 세우고 사슬뜨기를 1코 뜹니다. 바늘에 실을 걸고 화살표 방향으로 넣어 1길긴뜨기를 합니다.

2. 같은 사슬코에서 1길긴뜨기를 1코 더 뜹니다.

3. 바늘에 실을 걸고 5번째 코에 넣어 1길긴뜨기를 2코 뜨고, 다시 사슬뜨기를 1코 뜹니다.

4. 같은 사슬코에 바늘을 넣고 1길긴뜨기를 2코 뜹니다.

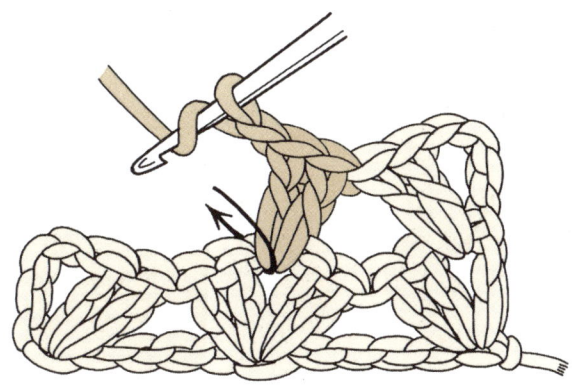

5. 다음 단은 아랫단의 사슬코를 다발로 주워서 뜹니다. 1길긴뜨기 2코, 사슬뜨기 1코, 1길긴뜨기 2코를 반복합니다.

코 줄이기 기법 ① 짧은뜨기 2코 모아뜨기

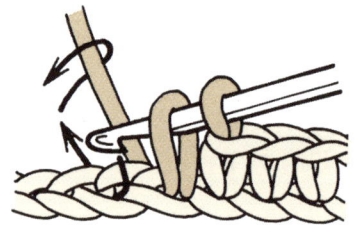

1 사슬코에 바늘을 넣고 실을 걸어 빼냅니다. 다음 사슬코에도 마찬가지로 바늘을 넣고 실을 걸어 빼냅니다.

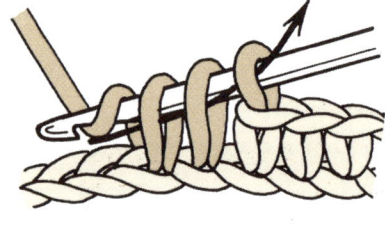

2 바늘에 실을 걸고 화살표 방향으로 3개의 고리를 한 번에 빼냅니다.

코 줄이기 기법 ② 짧은뜨기 3코 모아뜨기

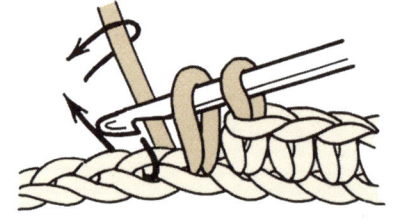

1 사슬코에 바늘을 넣고 실을 걸어 빼냅니다. 다음 사슬코에도 바늘을 넣고 실을 걸어 빼냅니다.

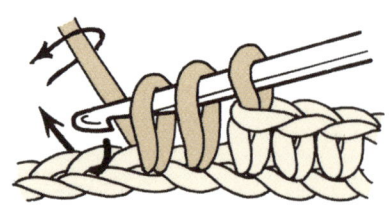

2 다음 사슬코에도 바늘을 넣고 실을 걸어 빼냅니다. 미완성 짧은뜨기가 3코 떠집니다.

각의 줄임코

2코 모아뜨기의 줄임코 / 3코 모아뜨기의 줄임코

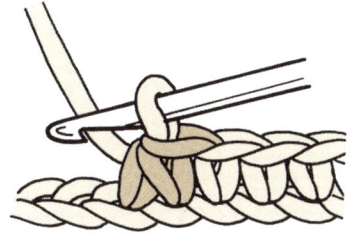

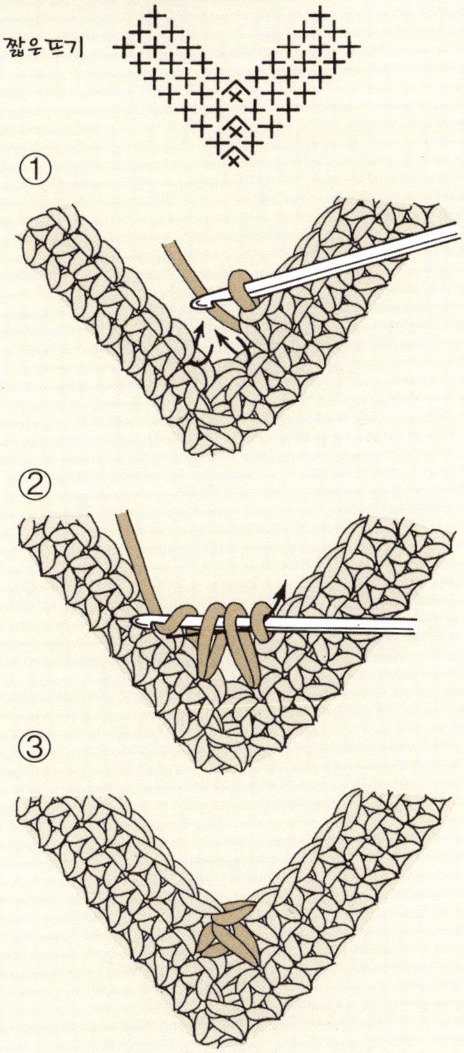

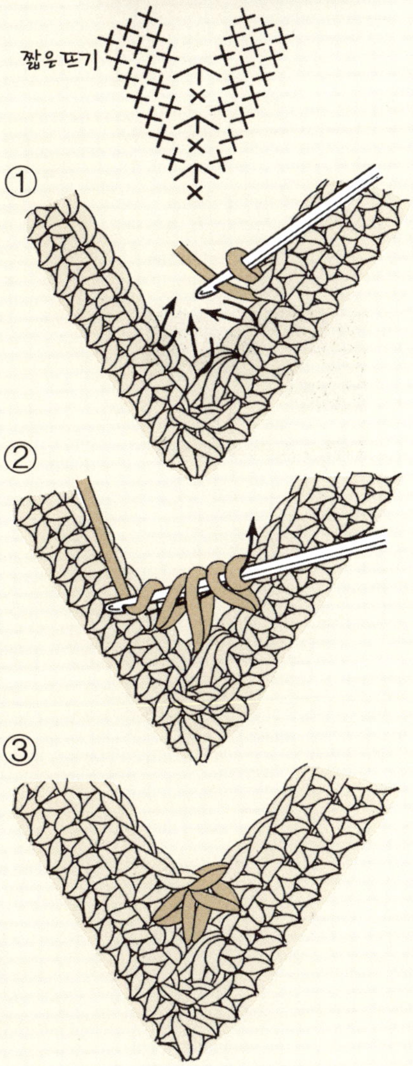

3 짧은뜨기 2코 모아뜨기를 뜬 모습입니다. 2코가 1코가 되어 1코가 줄었습니다.

> 코를 줄일 때 자주 사용하는 방법입니다.

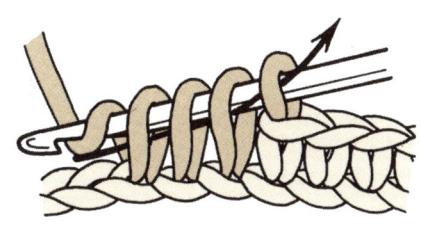

3 바늘에 실을 걸고 화살표 방향으로 4개의 고리를 한 번에 빼냅니다.

4 짧은뜨기 3코 모아뜨기를 뜬 모습입니다. 3코가 1코가 되어 2코가 줄었습니다.

긴뜨기 2코 모아뜨기

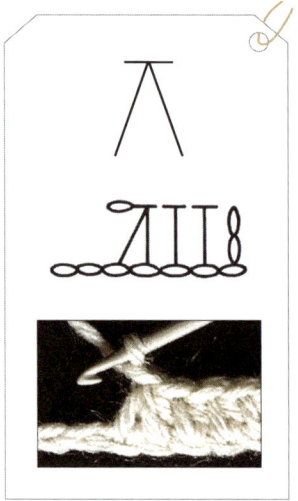

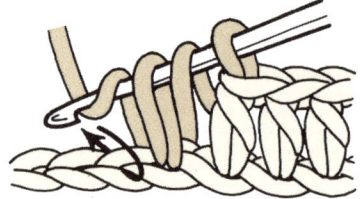

1. 사슬코에 미완성 긴뜨기를 1코 뜨고, 다음 코에도 바늘을 넣어 똑같이 미완성 긴뜨기를 합니다.

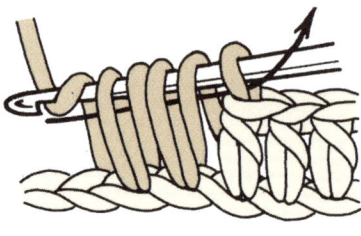

2. 바늘에 실을 걸고 화살표 방향으로 한 번에 빼냅니다.

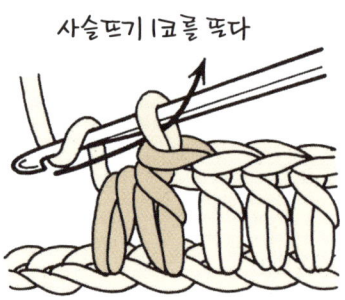

3. 긴뜨기 2코 모아뜨기가 완성됩니다. 2코가 1코로 줄었습니다. 콧수를 줄이고 싶지 않다면 사슬뜨기를 1코 떠서 조절합니다.

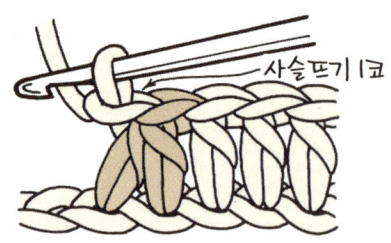

4. 사슬뜨기를 1코 떠서 콧수를 조절한 모습입니다.

긴뜨기 3코 모아뜨기

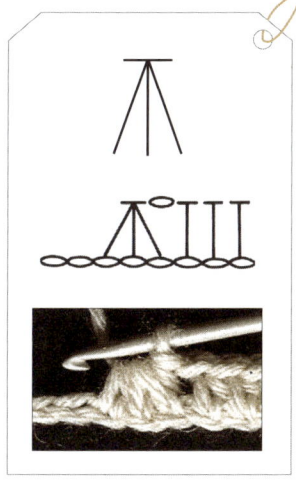

1 사슬코에 미완성 긴뜨기를 1코 뜨고, 다음 코에도 바늘을 넣어 똑같이 미완성 긴뜨기를 합니다.

2 다음 코에도 바늘을 넣어 미완성 긴뜨기를 3코 만듭니다.

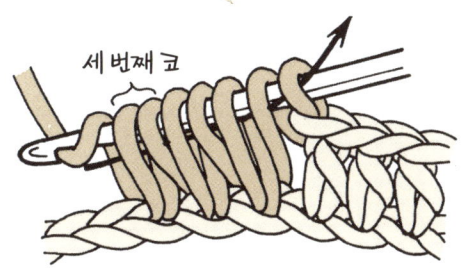

> 단숨에 빼내야 하므로 실이 빠지지 않도록 주의합니다.

3 바늘에 실을 걸고 화살표 방향으로 한 번에 빼냅니다.

4 긴뜨기 3코 모아뜨기가 완성됩니다. 3코가 1코로 줄었습니다.

1길긴뜨기 2코 모아뜨기

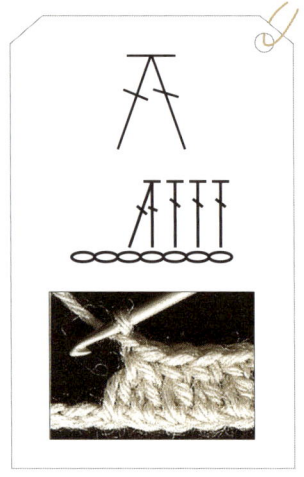

1 사슬코에 미완성 1길긴뜨기를 1코 뜹니다. 다음 코에도 화살표 방향으로 바늘을 넣고 미완성 1길긴뜨기를 합니다.

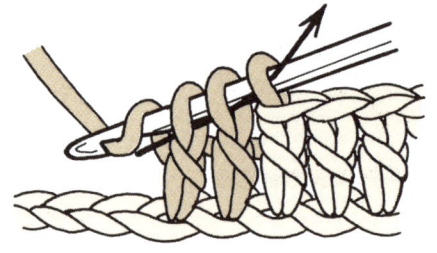

2 바늘에 실을 걸고 화살표 방향으로 3개의 고리를 한 번에 빼냅니다.

'미완성'이란?
'미완성'이란 앞으로 한 번 더 빼내면 코(짧은뜨기나 1길긴뜨기 등)가 완성되는 상태를 말합니다.

3 1길긴뜨기 2코 모아뜨기를 한 모습입니다. 2코가 1코로 줄었습니다.

1길긴뜨기 3코 모아뜨기

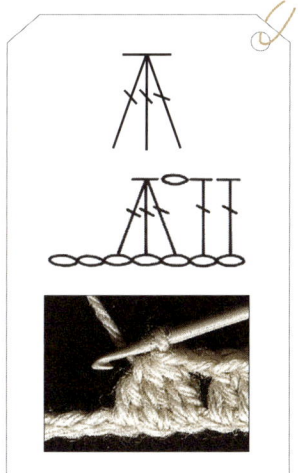

1 사슬코에 미완성 1길긴뜨기를 1코 뜹니다. 다음 코에 화살표 방향으로 바늘을 넣고 미완성 1길긴뜨기를 합니다.

2 다음 코에도 바늘을 넣어 미완성 1길긴뜨기를 3코 만듭니다.

3 바늘에 실을 걸고 화살표 방향으로 4개의 고리를 한 번에 빼냅니다.

4 1길긴뜨기 3코 모아뜨기를 한 모습입니다. 3코가 1코로 줄었습니다.

1길긴뜨기 4코 모아뜨기

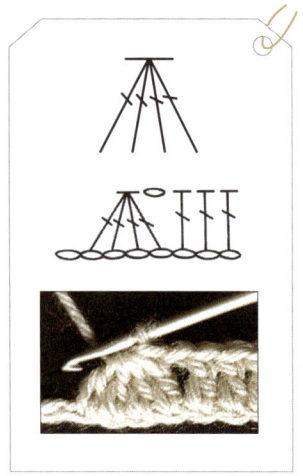

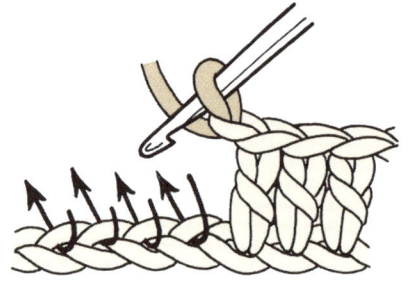

1 바늘에 실을 걸고 화살표 방향으로 넣어 각각 미완성 1길긴뜨기를 합니다.

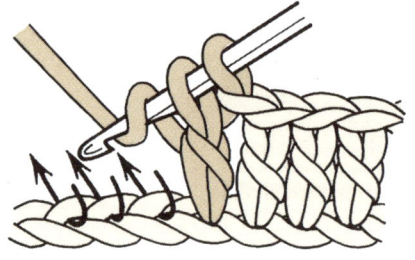

2 미완성 1길긴뜨기를 1코 뜬 모습입니다. 나머지 코에도 바늘을 넣어 미완성 1길긴뜨기를 4코 만듭니다.

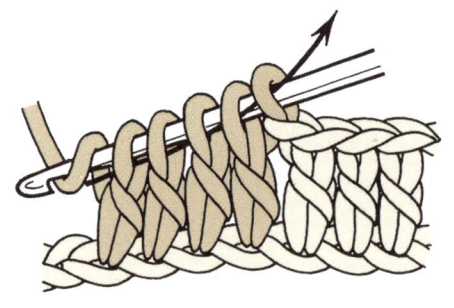

3 바늘에 실을 걸고 바늘에 걸려 있는 5개의 고리를 한 번에 빼냅니다.

4 1길긴뜨기 4코 모아뜨기를 한 모습입니다. 4코가 1코로 줄었습니다.

짧은뜨기 앞걸어뜨기

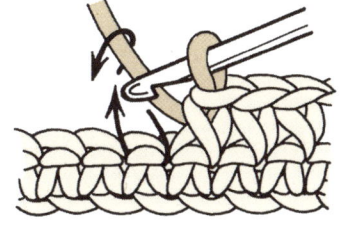

1 짧은뜨기의 뒤쪽에서 옆으로 바늘을 넣은 후 화살표 방향으로 바늘에 실을 걸어 빼냅니다.

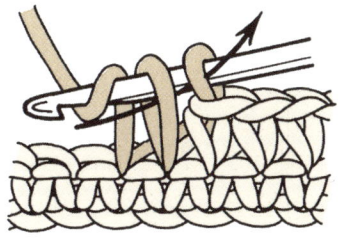

2 바늘에 실을 걸어 화살표 방향으로 빼내 짧은뜨기를 합니다.

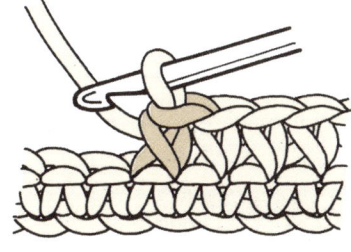

3 짧은뜨기 앞걸어뜨기를 한 모습입니다.

짧은뜨기 뒤걸어뜨기

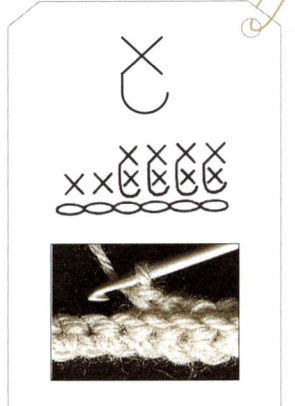

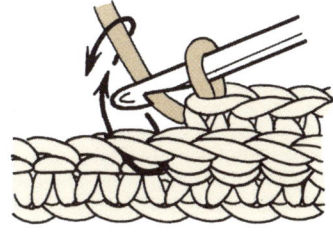

1 짧은뜨기의 뒤쪽에서 옆으로 바늘을 넣은 후 화살표 방향으로 바늘에 실을 걸어 빼냅니다.

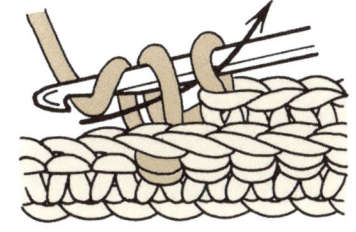

2 바늘에 실을 걸어 화살표 방향으로 빼내 짧은뜨기를 합니다.

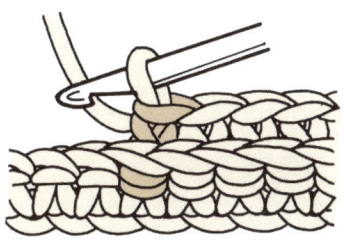

3 짧은뜨기 뒤걸어뜨기를 한 모습입니다.

긴뜨기 앞걸어뜨기

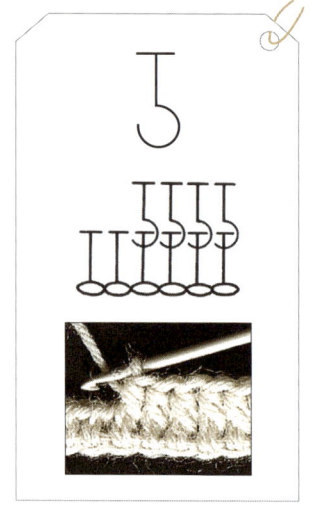 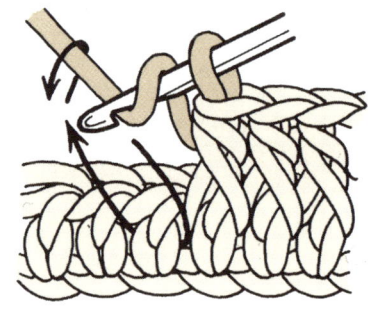 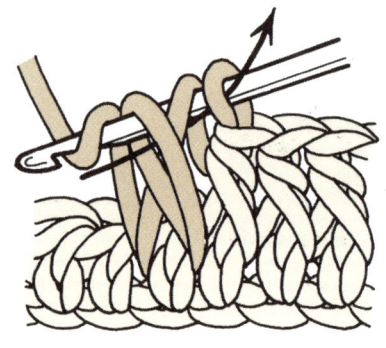

1 바늘에 실을 걸고 긴뜨기의 옆으로 넣은 후 실을 걸어 빼냅니다.

2 바늘에 실을 걸어 화살표 방향으로 빼내 긴뜨기를 합니다.

긴뜨기 뒤걸어뜨기

 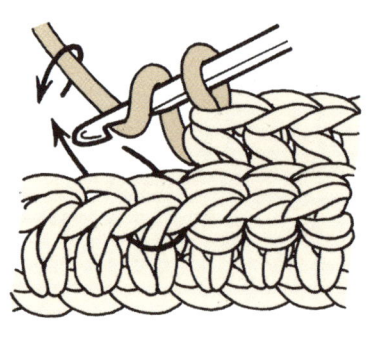 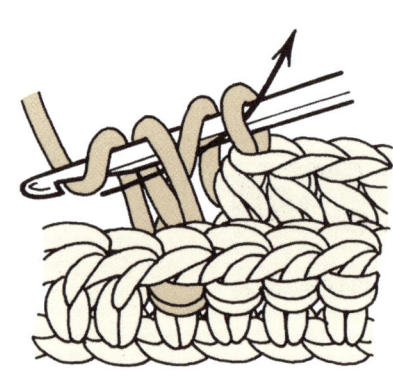

1 바늘에 실을 걸고 긴뜨기의 뒤쪽에서 옆으로 넣은 후 실을 걸어 빼냅니다.

2 바늘에 실을 걸어 화살표 방향으로 빼내 긴뜨기를 합니다.

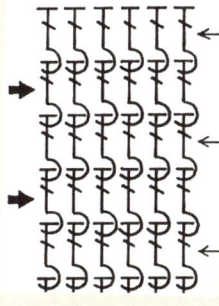

3 긴뜨기 앞걸어뜨기를 한 모습입니다.

기호대로 뜨는 걸어뜨기 테크닉

뜨개의 기호 도안은 편물을 앞에서 보는 모양대로 표시되어 있습니다. 항상 겉을 보고 뜨는 원형뜨기의 경우는 기호대로 떠도 상관없지만, 겉과 안을 교대로 보면서 뜨는 왕복뜨기를 할 때는 안을 보고 뜨는 단은 기호 도안과 반대로 떠야 합니다(앞걸어뜨기와 뒤걸어뜨기를 반대로 뜹니다).

앞걸어뜨기 편물

안을 보고 뜨는 단(➡ 단)은 뒤걸어뜨기로 뜹니다.

기호 도안   바른 모양 ◎   틀린 모양 ×

←단은 앞걸어뜨기로,
➡단은 뒤걸어뜨기로 뜬 것

단마다 앞걸어뜨기만 뜬 것

앞걸어뜨기와 뒤걸어뜨기 편물

앞걸어뜨기와 뒤걸어뜨기를 2코씩 교대로 뜹니다.

기호 도안   바른 모양 ◎   틀린 모양 ×

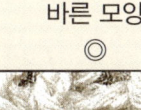

←단은 기호 도안대로,
➡단은 앞걸어뜨기는 뒤걸어뜨기, 뒤걸어뜨기는 앞걸어뜨기로 뜬 것

단마다 기호 도안대로 뜬 것

3 긴뜨기 뒤걸어뜨기를 한 모습입니다.

1길긴뜨기 앞걸어뜨기

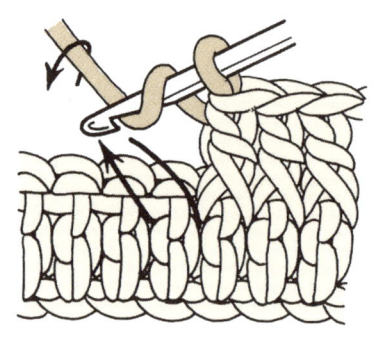

1 바늘에 실을 걸고 1길긴뜨기 옆으로 넣은 후 바늘에 실을 걸어 빼냅니다.

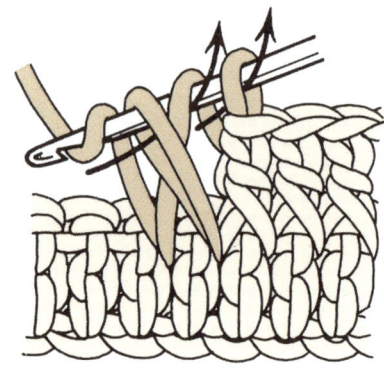

2 바늘에 실을 걸고 화살표 방향으로 2개의 고리를 2회에 걸쳐 빼내 1길긴뜨기를 합니다.

1길긴뜨기 뒤걸어뜨기

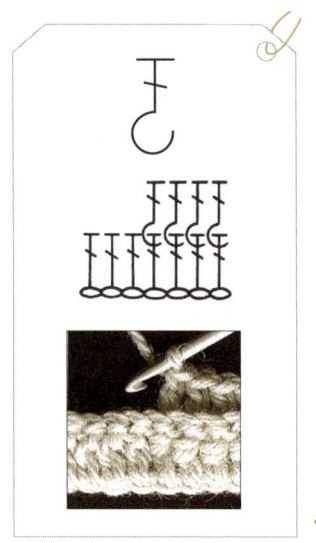

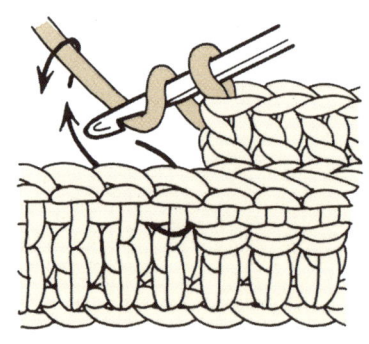

1 바늘에 실을 걸고 1길긴뜨기 뒤쪽에서 옆으로 넣은 후 바늘에 실을 걸어 빼냅니다.

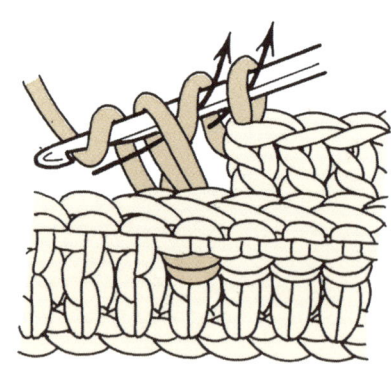

2 바늘에 실을 걸고 화살표 방향으로 2개의 고리를 2회에 걸쳐 빼내 1길긴뜨기를 합니다.

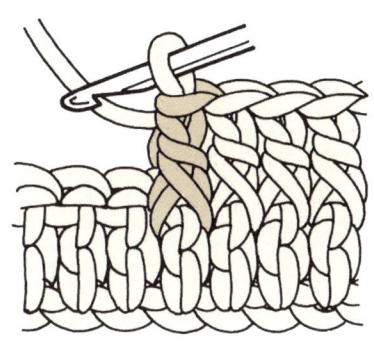

3   1길긴뜨기 앞걸어뜨기를 한 모습입니다.

전전단에서 코를 줍는 경우

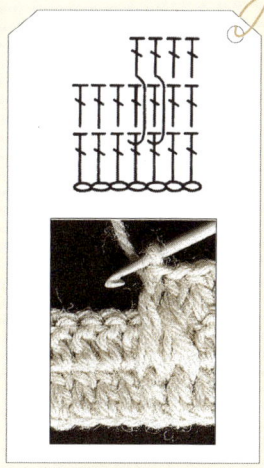

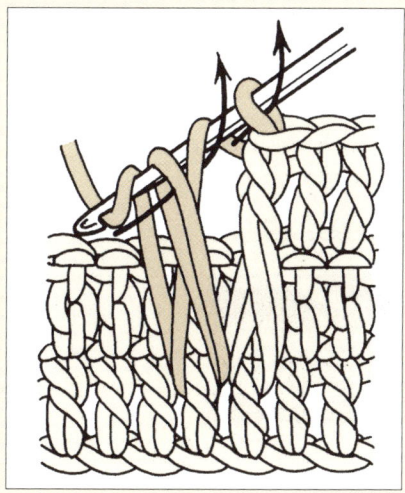

바늘에 실을 걸어 전전단의 1길긴뜨기 옆으로 넣은 후 바늘에 실을 걸어 길게 빼냅니다. 다시 바늘에 실을 걸어 화살표 방향으로 고리를 2개씩, 2회에 걸쳐 빼내 1길긴뜨기를 합니다.

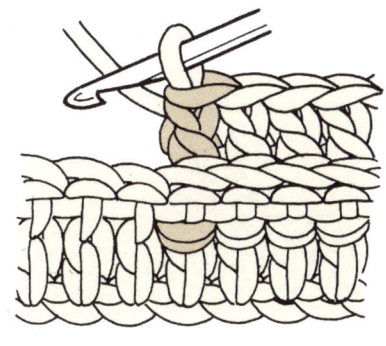

3   1길긴뜨기 뒤걸어뜨기를 한 모습입니다.

전전단에서 코를 줍는 경우

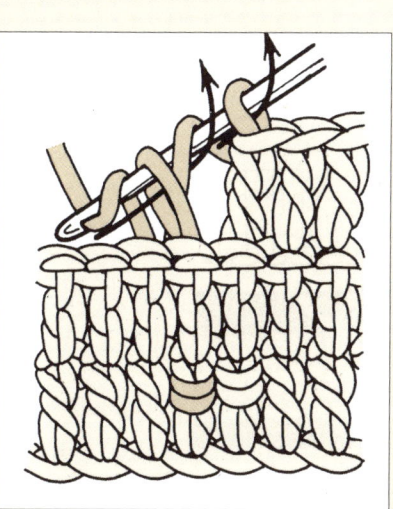

바늘에 실을 걸어 전전단의 1길긴뜨기 뒤쪽에서 옆으로 넣은 후 바늘에 실을 걸어 길게 빼냅니다. 다시 바늘에 실을 걸어 화살표 방향으로 고리를 2개씩, 2회에 걸쳐 빼내 1길긴뜨기를 합니다.

1길긴뜨기 X자뜨기

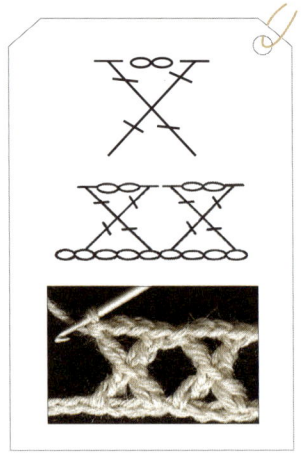

1. 바늘에 실을 2번 감고 사슬코에 넣은 후 실을 걸고 빼냅니다. 다시 바늘에 실을 걸고 화살표 방향으로 2개의 고리만 빼냅니다.

2. 바늘에 실을 걸고 3번째 사슬코에 넣은 후 실을 걸어 빼냅니다.

3. 다시 바늘에 실을 걸고 바늘에 걸려 있는 2개의 고리를 4회에 걸쳐 빼냅니다.

4. 사슬뜨기를 2코 뜨고 바늘에 실을 걸어 화살표 방향으로 넣은 후 실을 걸어 빼냅니다.

5. 바늘에 걸려 있는 고리를 2개씩 2회에 걸쳐 빼내 1길긴뜨기를 합니다.

2길긴뜨기 X자뜨기

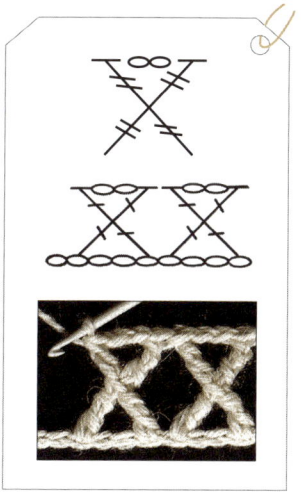

1 바늘에 실을 4번 감고 사슬코에 넣은 후 실을 걸어 빼냅니다. 다시 실을 걸고 화살표 방향으로 2개의 고리를 2회에 걸쳐 빼냅니다.

2 바늘에 실을 2번 감고 3번째 사슬코에 넣어 실을 빼냅니다. 다시 바늘에 실을 걸어 화살표 방향으로 2개의 고리를 6회에 걸쳐 빼냅니다.

3 사슬뜨기를 2코 뜨고, 바늘에 실을 2번 감아 화살표 방향으로 넣습니다.

4 바늘에 실을 걸고 2개의 고리를 4회에 걸쳐 빼냅니다.

5 X자로 뜬 각각의 2길긴뜨기 높이가 같아지도록 뜹니다.

Y자뜨기 (1길긴뜨기일 경우)

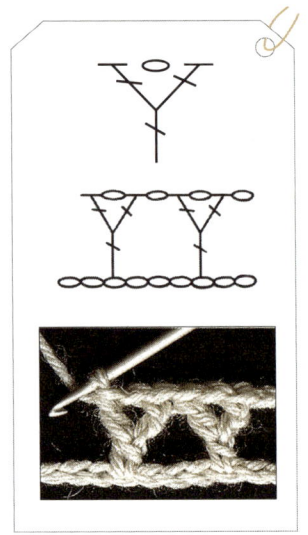

1 바늘에 실을 2번 감고 4번째 사슬코에 넣어 2길긴뜨기를 합니다.

2 사슬뜨기를 1코 뜨고, 바늘에 실을 걸어 화살표 방향으로 넣은 후 실을 걸어 빼냅니다.

3 바늘에 실을 걸고 화살표 방향으로 2개의 고리를 2회에 걸쳐 빼내 1길긴뜨기를 합니다.

4 Y자뜨기를 한 모습입니다. Y자뜨기를 완성하면 코가 늘어나므로 전단의 코를 건너뛰어 콧수를 조절합니다.

역Y자뜨기 (1길긴뜨기일 경우)

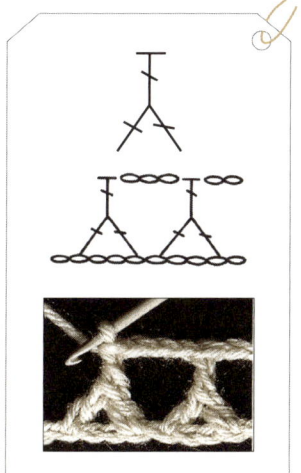

1 바늘에 실을 2번 감고 사슬코에 넣어 실을 빼냅니다. 다시 바늘에 실을 걸어 바늘에 걸려 있는 고리를 2개만 빼냅니다. 한 번 더 바늘에 실을 걸고 화살표 방향으로 넣은 후 실을 걸어 빼냅니다.

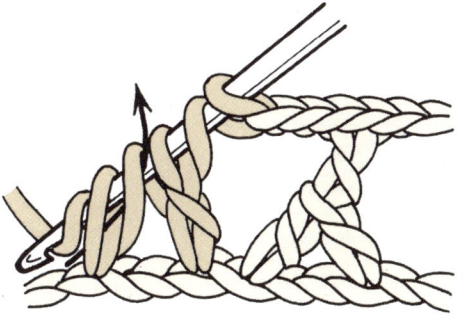

2 바늘에 실을 걸고 화살표 방향으로 2개의 고리를 빼냅니다.

3 바늘에 실을 걸고 화살표 방향으로 2개의 고리를 빼냅니다.

4 바늘에 실을 걸고 화살표 방향으로 2개의 고리를 2회에 걸쳐 빼냅니다.

짧은뜨기 링뜨기

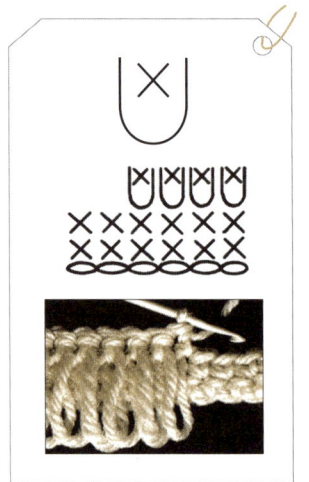

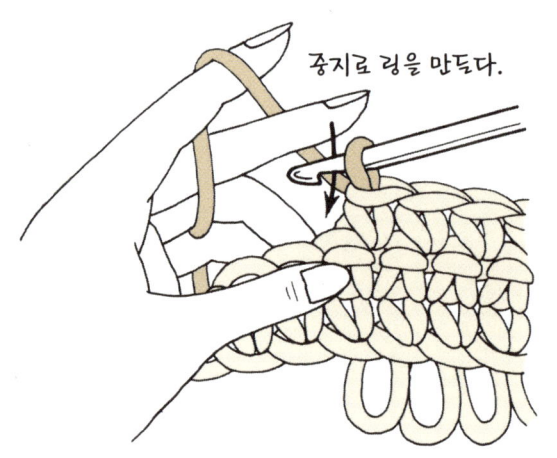

중지로 링을 만든다.

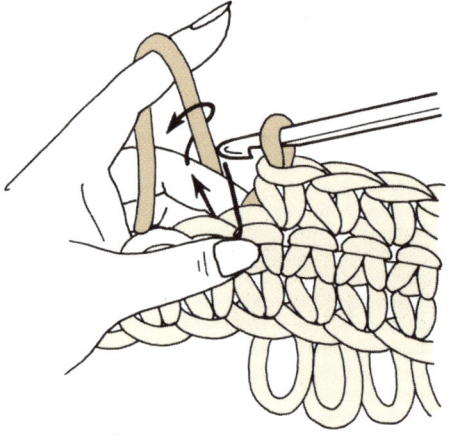

1 왼손 중지에 실을 걸고 만들 링의 길이만큼 내려서 누릅니다.

2 링이 될 실을 누른 채 바늘에 실을 걸어 화살표 방향으로 빼냅니다.

> 3번 과정이 끝날 때까지 실을 누른 채 진행합니다.

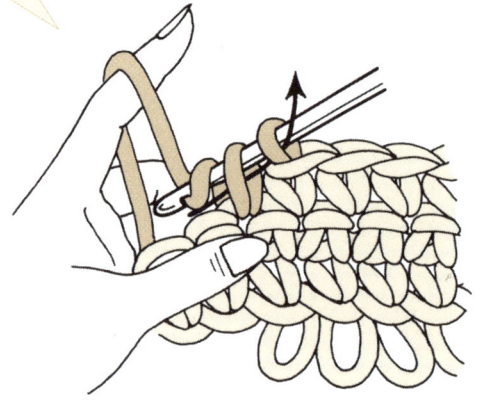

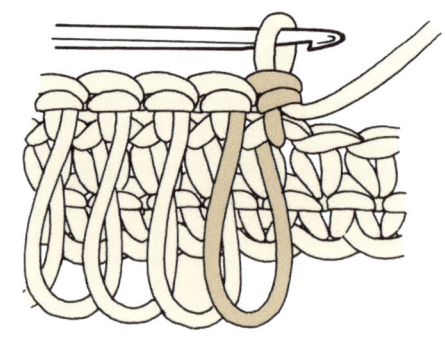

3 바늘에 실을 걸어 화살표 방향으로 고리 2개를 빼내 짧은뜨기를 합니다. 짧은뜨기 링뜨기가 완성되면 뜨개코의 뒤쪽에 링이 생깁니다.

4 완성된 짧은뜨기 링뜨기를 뒤쪽에서 본 모습입니다. 이렇게 링이 만들어진 면이 겉면이 됩니다.

1길긴뜨기 링뜨기

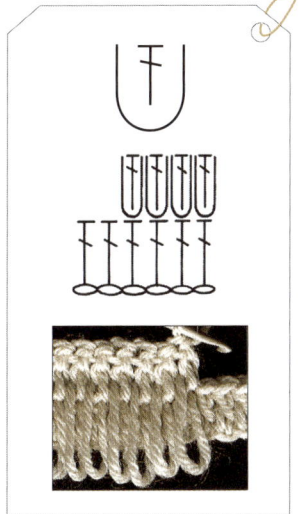

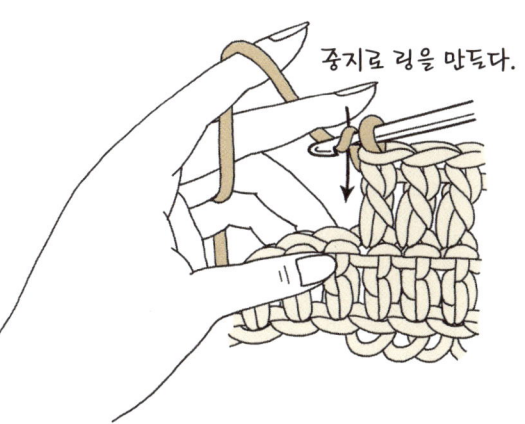

1 바늘에 실을 걸고 왼손 중지를 링의 길이만큼 내려서 누릅니다.

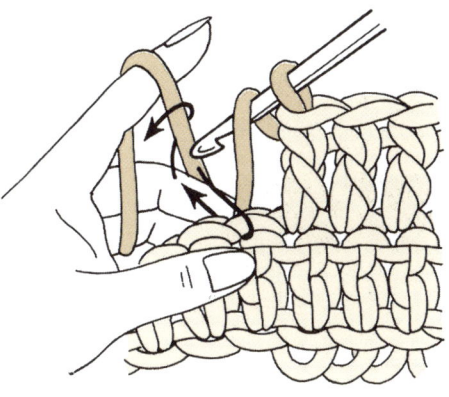

2 링이 될 실을 누른 채 바늘에 실을 걸어 화살표 방향으로 빼냅니다.

> 링의 길이가 같아지도록 주의하면서 뜹니다.

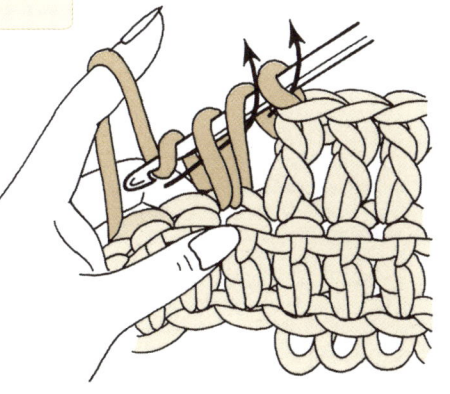

3 바늘에 실을 걸어 화살표 방향으로 2개의 고리를 2회에 걸쳐 빼내 1길긴뜨기를 합니다. 1길긴뜨기 링뜨기가 완성되면 뜨개코의 뒤쪽에 링이 생깁니다.

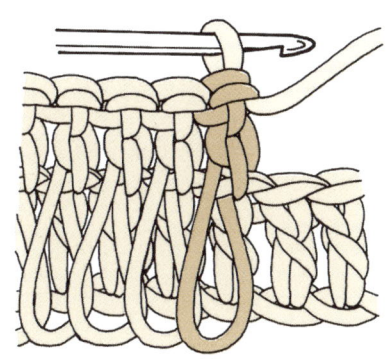

4 완성된 1길긴뜨기 링뜨기를 뒤쪽에서 본 모습입니다. 이렇게 링이 만들어진 면이 겉면이 됩니다.

피코빼뜨기 (사슬뜨기 3코일 경우)

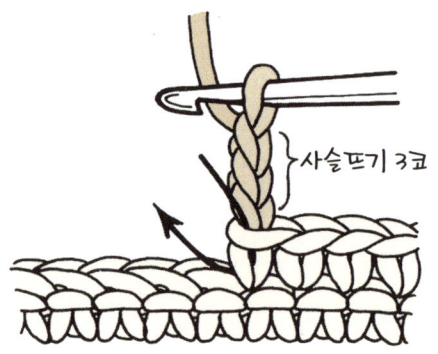

1. 짧은뜨기에 이어 사슬뜨기를 3코 뜨고 화살표 방향으로 바늘을 넣습니다.

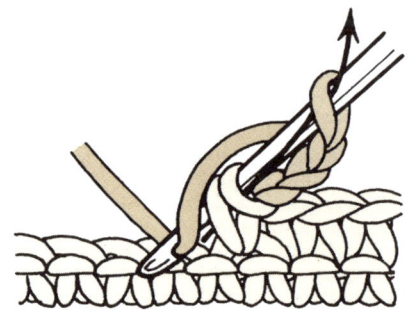

2. 바늘에 실을 걸고 화살표 방향으로 한 번에 빼내면 피코빼뜨기가 완성됩니다.

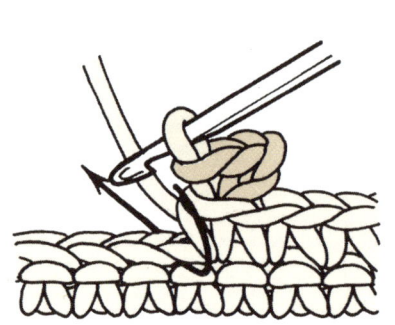

3. 짧은뜨기의 왼쪽 코에 화살표 방향으로 바늘을 넣어 짧은뜨기를 합니다.

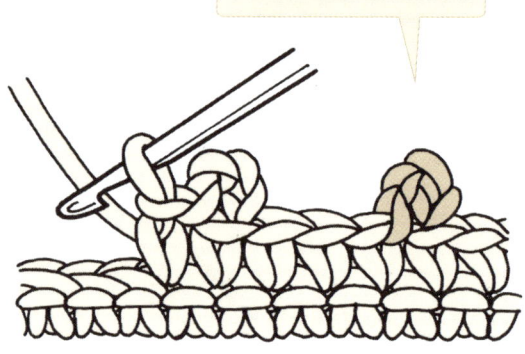

4. 뜨개 도안을 참조해서 짧은뜨기와 피코빼뜨기를 반복합니다.

> 톡 튀어 나온 부분을 '피코'라고 합니다.

피코뜨기 (사슬뜨기 3코일 경우)

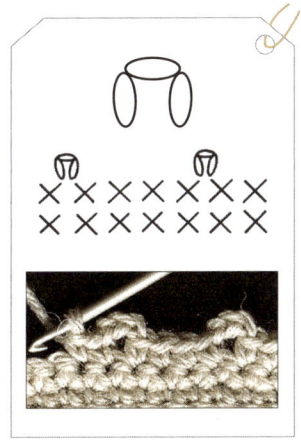

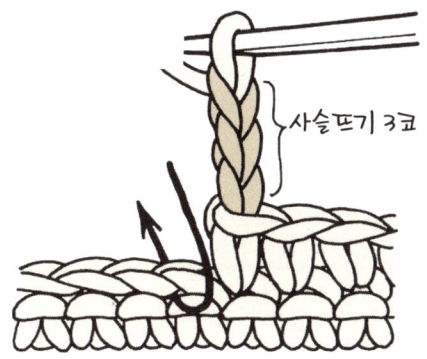

1 짧은뜨기에 이어 사슬뜨기를 3코 뜨고 화살표 방향으로 바늘을 넣은 후 실을 걸어 빼냅니다.

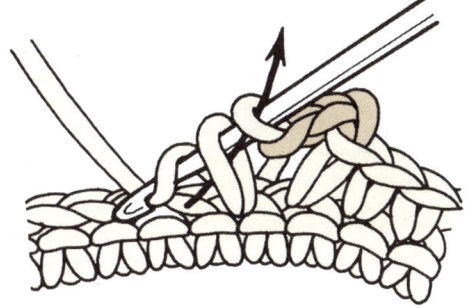

2 바늘에 실을 걸어 화살표 방향으로 빼내고 짧은뜨기를 합니다.

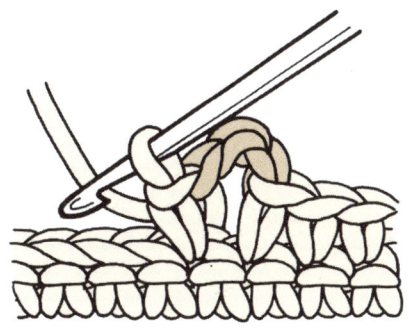

3 사슬뜨기 3코일 경우의 피코뜨기가 완성됩니다.

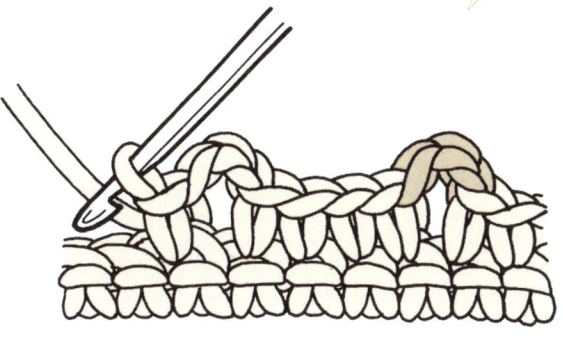

> 완만한 느낌의 피코뜨기입니다.

4 뜨개 도안을 참조해서 짧은뜨기와 피코뜨기를 반복합니다.

칠보뜨기

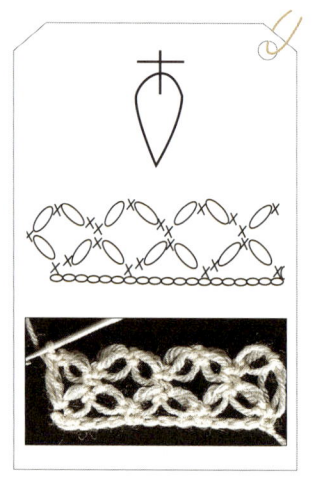

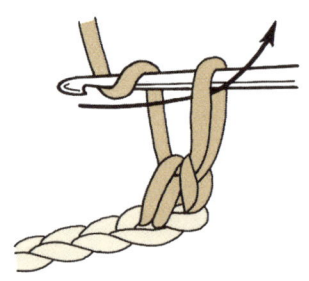

1 기둥코 1코와 짧은뜨기 1코를 뜹니다. 바늘에 걸려 있는 고리를 길게 늘린 후 바늘에 실을 걸고 화살표 방향으로 빼내서 사슬뜨기를 합니다.

2 사슬뜨기의 뒷산에 바늘을 넣고 실을 걸어 빼냅니다.

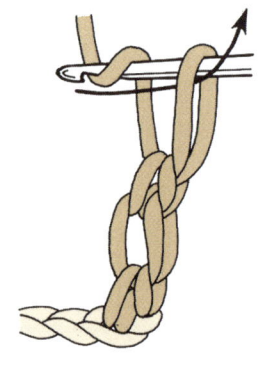

4 바늘에 걸려 있는 고리를 1번에서 길게 늘린 코와 같은 길이로 늘립니다. 바늘에 실을 걸어 화살표 방향으로 빼내서 사슬뜨기를 합니다.

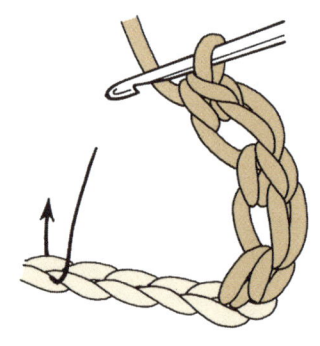

5 2, 3번과 같은 방법으로 4번의 사슬뜨기 뒷산에 바늘을 넣어 짧은뜨기를 합니다. 시작코의 사슬뜨기 3코를 건너뛰고 4번째 코에 바늘을 넣고 실을 걸어 빼냅니다.

7 둘째 단을 시작합니다. 바늘에 걸려 있는 고리를 길게 늘려 사슬뜨기를 합니다. 이것이 기둥코가 됩니다. 2~5번 과정을 반복한 후 화살표 방향으로 바늘을 넣어 짧은뜨기를 합니다.

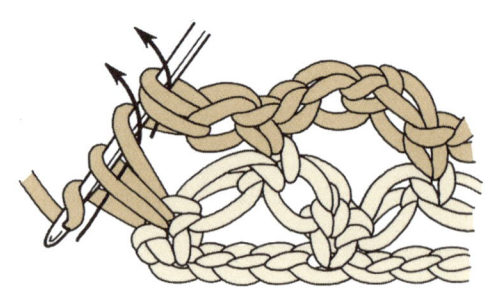

8 둘째 단의 뜨개 마무리는 느슨한 사슬뜨기에서 뜬 짧은뜨기를 미완성인 채로 둡니다. 계속해서 바늘에 실을 걸어 아랫단의 짧은뜨기에 넣어 실을 빼냅니다. 다시 실을 걸어 화살표 방향으로 2회 빼냅니다.

1길긴뜨기 감아뜨기

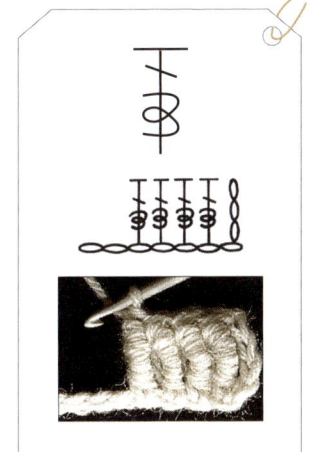

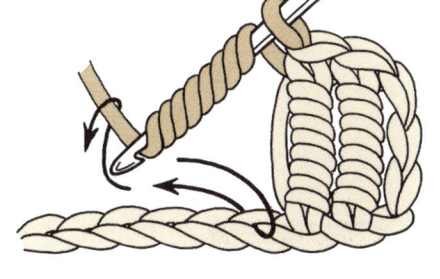

1 바늘에 실을 8번 감고 화살표 방향으로 넣은 후 실을 걸어 빼냅니다.

3 다시 바늘에 실을 걸고 고리 2개를 빼내 짧은뜨기를 합니다.

바늘에 감겨 있는 실이 빠지지 않도록 주의합니다.

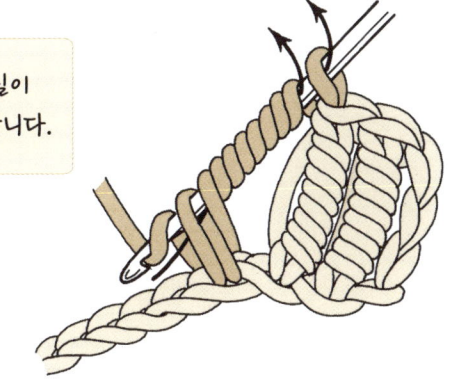

2 바늘에 실을 걸어 빼낸 고리와 바늘에 감겨 있는 실을 한 번에 빼냅니다. 한 번 더 바늘에 실을 걸어 남아 있는 고리 2개를 빼냅니다.

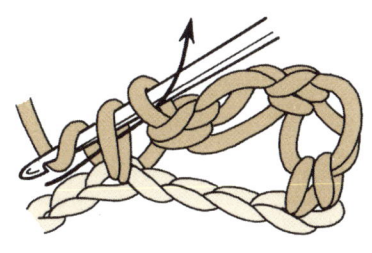

6 바늘에 실을 걸고 고리 2개를 빼내 짧은뜨기를 합니다. 계속해서 바늘에 걸려 있는 고리를 길게 늘려 사슬뜨기를 하고 2~6번 과정을 반복해서 첫째 단을 뜹니다.

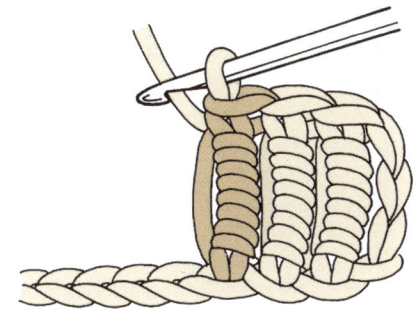

3 1길 감아뜨기를 한 모습입니다. 바늘에 실을 감는 횟수로 뜨개코의 길이를 조절할 수 있습니다.

9 둘째 단이 끝났습니다. 첫째 단과 둘째 단을 반복해서 뜹니다.

모눈뜨기

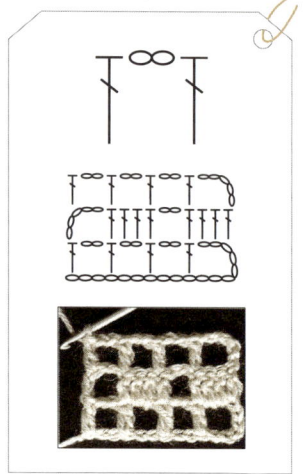

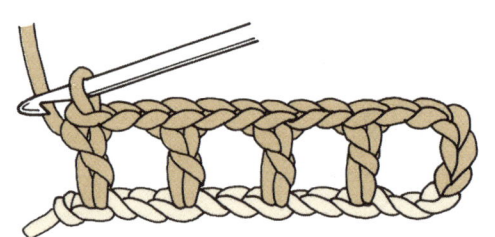

1 기둥코를 3코 뜬 후 사슬뜨기 2코, 1길긴뜨기 1코를 반복하여 첫째 단을 완성합니다.

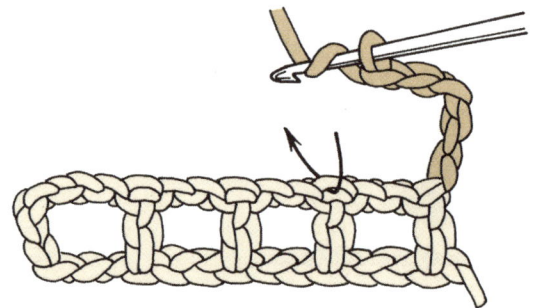

2 둘째 단은 기둥코 3코와 사슬뜨기 2코로 시작합니다. 바늘에 실을 걸어 아랫단의 1길긴뜨기 머리부분에 바늘을 넣고 1길긴뜨기를 합니다.

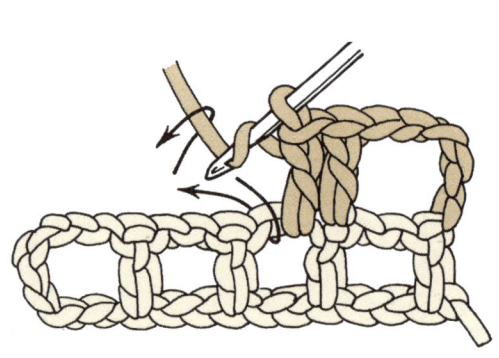

3 아랫단 칸의 사슬을 다발로 주워서 1길긴뜨기를 2코 뜹니다.

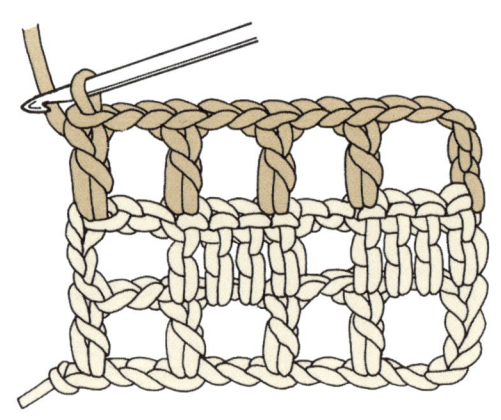

4 뜨개 도안을 참조해서 1길긴뜨기와 사슬뜨기를 반복합니다.

그물뜨기

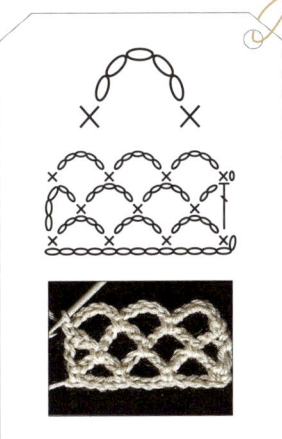

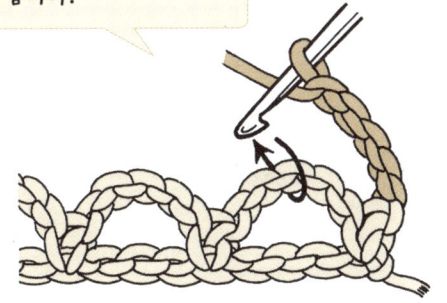

> 사슬코를 가르지 않고 사슬 전부를 줍는 것을 '다발로 줍는다'고 합니다.

1 사슬뜨기 1코와 짧은뜨기 1코를 뜹니다. 사슬뜨기를 5코 뜨고, 화살표 방향으로 바늘을 넣어 짧은뜨기를 뜹니다. 사슬뜨기 5코와 짧은뜨기 1코를 반복해서 첫째 단을 완성합니다.

2 둘째 단은 기둥코 3코와 사슬뜨기 2코로 시작합니다. 화살표 방향으로 아랫단의 사슬을 다발로 주워서 바늘에 실을 걸어 빼냅니다.

3 바늘에 실을 걸어 화살표 방향으로 빼내서 짧은뜨기를 합니다.

4 사슬뜨기 5코와 짧은뜨기 1코를 반복해서 뜹니다. 사슬뜨기 2코, 1길긴뜨기 1코를 떠 반모양의 그물로 마무리를 합니다.

게이지 측정하기

작품을 정확한 크기로 만들려면 코의 밀도인 '게이지'를 알아야 합니다.
작품을 뜨기 전에 반드시 게이지를 내고, 정확한 크기로 마무리합니다.

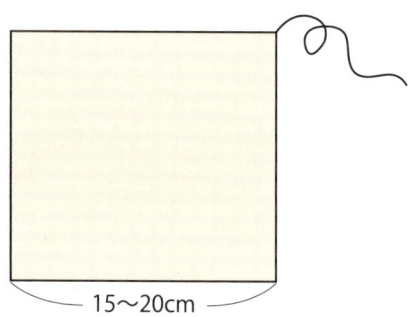

1 게이지는 실제로 사용할 실과 바늘로 뜬 편물로 측정합니다. 올바른 게이지를 내려면 적어도 가로세로 15cm, 가능하다면 가로세로 20cm, 크기로 뜹니다. 코의 크기가 고르지 않기 때문에 뜨개 시작과 끝부분은 가능한 크게 뜹니다.

2 바늘에서 편물을 빼내고 뜨개 조직이 눌리지 않게 다리미를 3cm 정도 띄우고 스팀을 분사합니다.

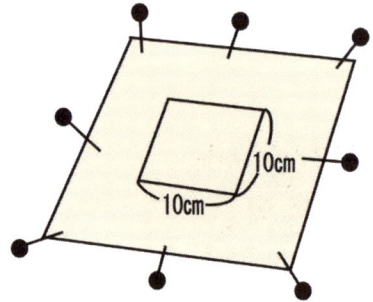

3 편물을 평평한 곳에 두고 가로세로 10cm, 안에 있는 콧수와 단수를 셉니다. 게이지는 측정하는 장소에 따라 달라지기도 하니 2~3개 장소에서 측정해서 평균을 냅니다.

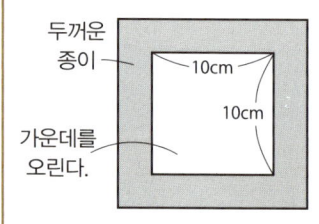

시판되는 게이지 자를 사용하거나 두꺼운 종이로 가로세로 10cm 테두리를 만들어서 사용하면 편리합니다.

지정된 게이지에 맞지 않을 경우

게이지에 맞게 계산해서 고치는 것이 좋지만 그것도 간단하지 않으므로 가능한 지정한 게이지에 가깝게 합니다. 게이지가 느슨한 경우(지정된 게이지보다 콧수, 단수가 적다)에는 1~2호 작은 바늘로 바꾸고, 빡빡한 경우(지정된 게이지보다 콧수, 단수가 많다)에는 1~2호 큰 바늘로 바꿔서 다시 게이지를 냅니다.

주의할 점

★ 콧수를 맞추면 단수가 맞지 않고, 단수를 맞추면 콧수가 맞지 않는 경우에는 콧수를 우선으로 맞춥니다. 단수는 필요한 기장의 분만 뜨고 끝내면 됩니다.

★ 바늘을 1~2호 변경해 조절되지 않는다면 실이 그 작품에 맞지 않는 것입니다. 가능한 지정된 실에 가까운 것을 사용하는 것이 좋습니다.

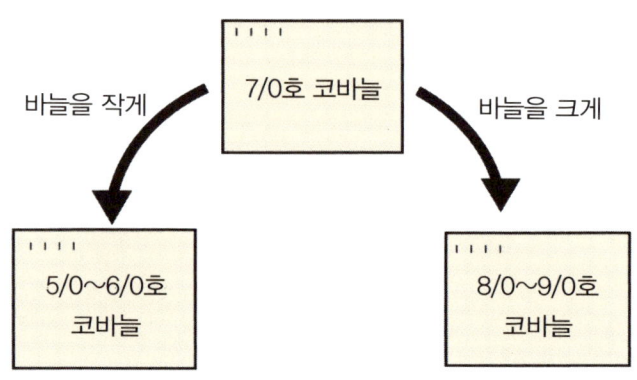

평뜨기와 환편뜨기

평뜨기

단이 바뀔 때마다 편물의 앞뒤 방향을 바꾸어 뜨는 방법으로 '왕복뜨기'라고도 합니다. 평면과 원통형 편물이 있습니다. 단이 바뀔 때마다 뜨개 방향을 표시한 화살표의 방향도 바뀝니다.

평면 평뜨기

짧은뜨기

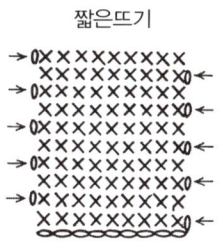
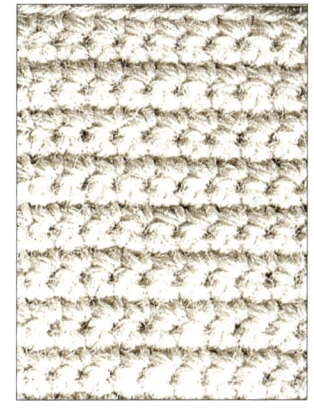

1길긴뜨기

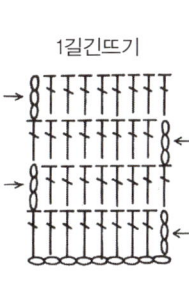

원통형 평뜨기

짧은뜨기

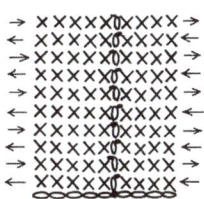

1길긴뜨기

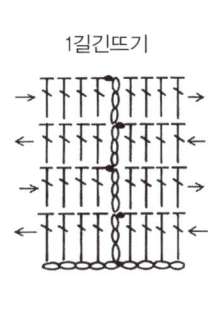

환편뜨기

단마다 같은 방향으로 뜨는 방법으로 '원통뜨기'라고도 합니다. 평면, 원형, 원통형 편물이 있습니다. 평면으로 뜨는 경우에는 한 단씩 실을 자릅니다. 모든 단의 방향이 같으므로 단마다 뜨개 방향을 표시한 화살표의 방향도 같습니다.

평면 환편뜨기

짧은뜨기

1길긴뜨기

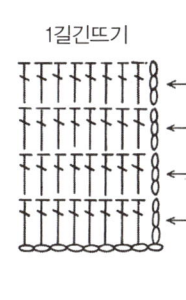

원형 환편뜨기

짧은뜨기

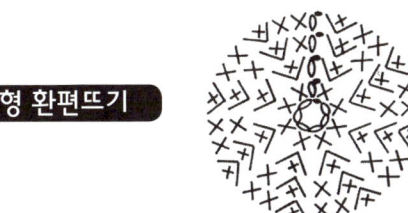

1길긴뜨기

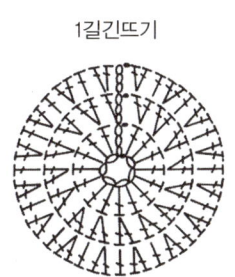

편물의 겉과 안

편물은 겉과 안이 확실히 다른 것과 같은 것이 있습니다. 뜨개 조직을 기호 도안으로 표시할 때는 겉에서 본 모양을 표시합니다. 1단이 겉면이 될 경우에는 뜨개 방향을 표시하는 화살표가 왼쪽으로, 안면이 될 경우에는 뜨개 방향을 표시하는 화살표가 오른쪽으로 표시됩니다.

짧은뜨기의 겉코와 안코

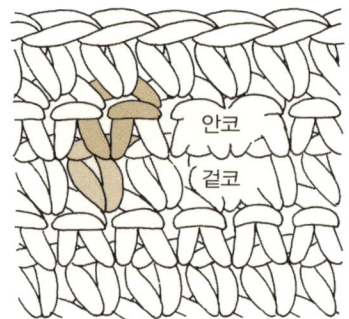

1길긴뜨기의 겉코와 안코

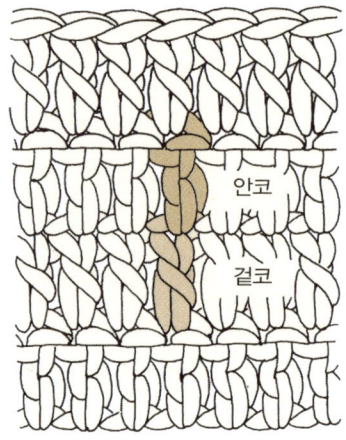

1단이 겉면으로 된 기호와 편물

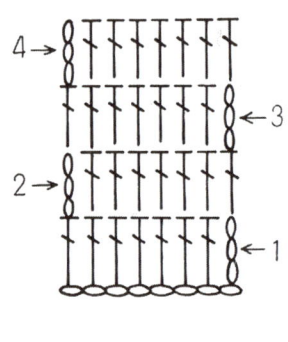 

1단이 안면으로 된 기호와 편물

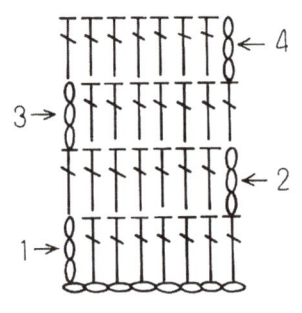 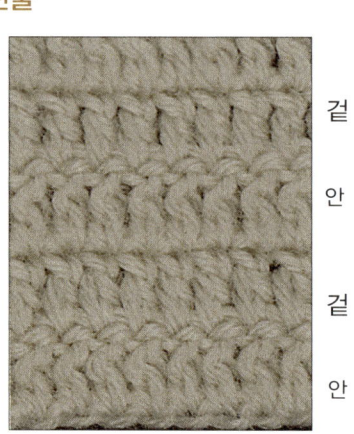

코 세는 법

코나 단을 정확하게 세기 위해서는 뜨개 조직의 모양을 바르게 익혀야 합니다. 짧은뜨기 이외의 기둥코는 각각 1코로 셉니다. 아직 뜨고 있는 중이라면 바늘에 걸려 있는 고리는 코로 세지 않습니다.

사슬뜨기의 코 세는 법

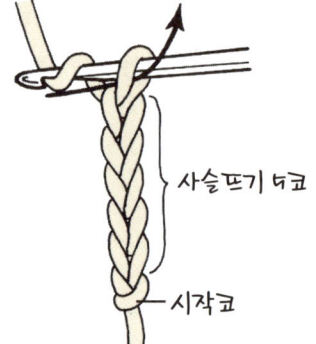

1길긴뜨기의 코 세는 법

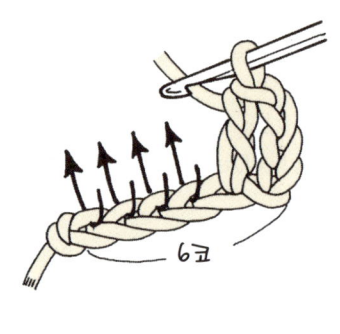

기둥코 만들기

뜨개코와 기둥코에 필요한 사슬뜨기의 수

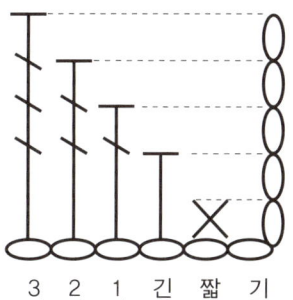

기둥코는 단의 시작 부분에서 그 단의 뜨개코와 같은 높이로 뜨는 사슬코를 말합니다. 다음은 각각의 뜨개코 높이에 적당한 사슬뜨기의 콧수를 나타낸 것입니다. 보통은 기둥코를 단의 처음 1코로 세지만, 짧은뜨기의 기둥코는 특별한 경우를 제외하고는 1코로 세지 않습니다.

짧은뜨기  1코

긴뜨기 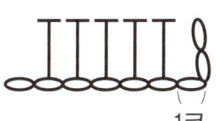 1코

1길긴뜨기 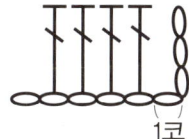 1코

2길긴뜨기 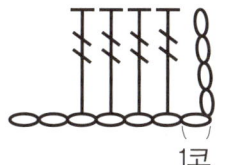 1코

3길긴뜨기 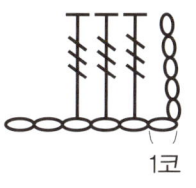 1코

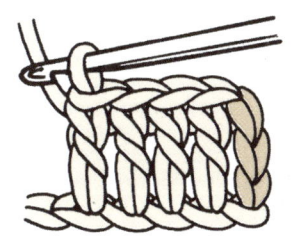

1단과 2단의 기둥 세우기

왕복뜨기로 평면을 뜨는 경우

짧은뜨기(5코)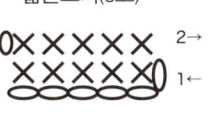

긴뜨기(5코)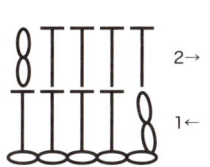

1길긴뜨기(5코)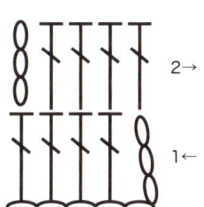

2길긴뜨기(5코)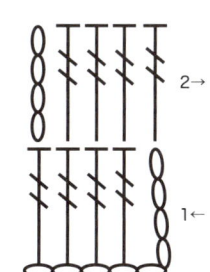

3길긴뜨기(5코)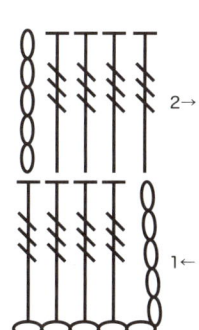

다음 단으로 올라갈 때 편물 돌리는 법

끝에서 뜨는 경우

코바늘뜨기는 거의 오른쪽에서 시작해서 왼쪽으로 뜹니다. 왼쪽 끝에 오면 편물을 돌려 지금까지 뜨던 면의 뒤쪽을 보고 다음 단을 뜹니다. 편물을 돌리는 방법에는 오른쪽 끝을 앞쪽(내측)으로 돌리는 것과 뒤쪽(외측)으로 돌리는 것이 있습니다. 앞쪽으로 돌리면 기둥으로 세워질 사슬뜨기의 겉(체인 상태로 보이는 쪽)이 앞쪽으로 향하고, 뒤쪽으로 돌리면 뒤쪽으로 향합니다.

편물의 오른쪽 끝을 앞쪽으로 돌린다 | **편물의 오른쪽 끝을 뒤쪽으로 돌린다**

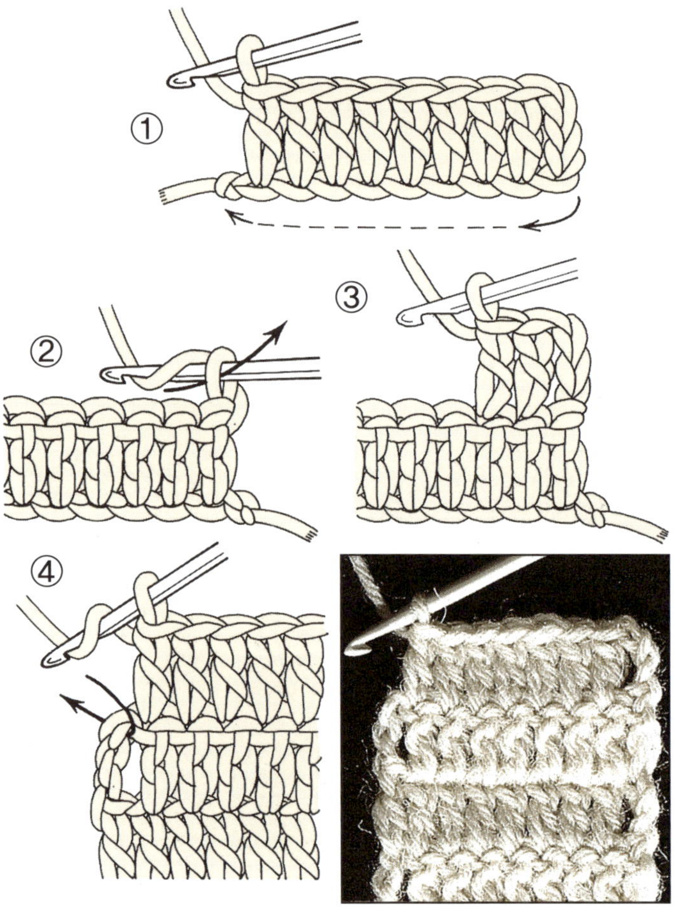

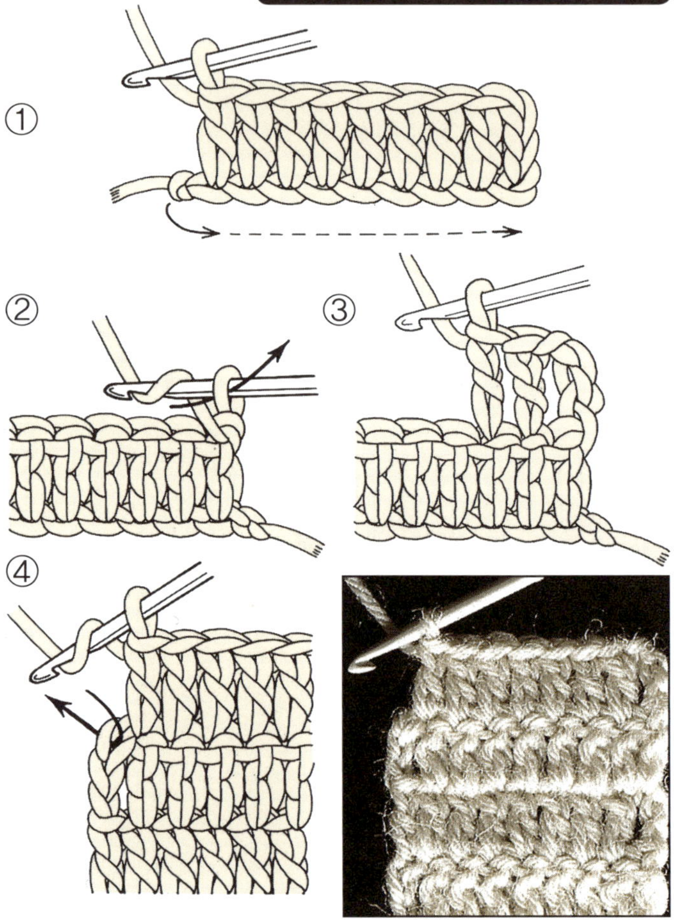

가운데에서 뜨는 경우

1단에서 다음 단으로 넘어갈 때, 가운데부터 뜨는 경우에는 1단의 끝에서 첫 코인 기둥코에 빼뜨기를 해서 끝내고, 다음 단의 기둥코를 뜹니다.

화살표 방향으로 바늘을 넣은 후 실을 걸어 빼내고 기둥코를 뜬다.

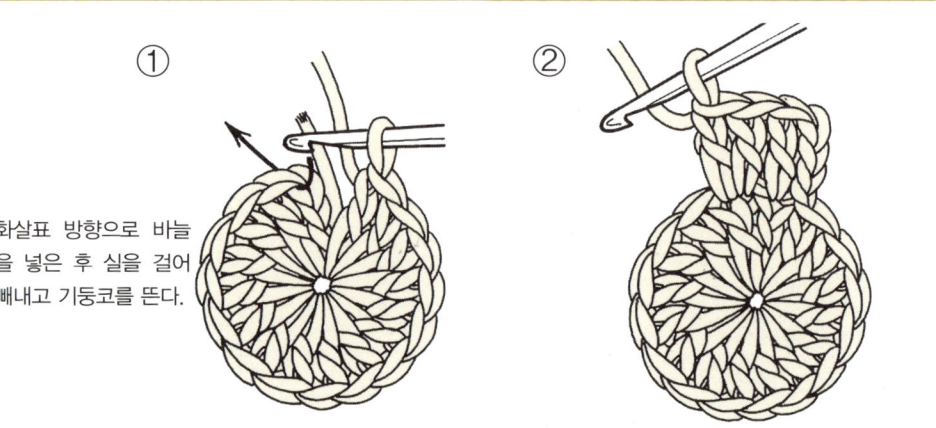

코 만들기와 첫 번째 단에서 코 줍기

첫 번째 단을 뜨기 위해 필요한 사슬뜨기나 실의 고리 등을 '시작코'라고 합니다.
여기서는 일반적으로 사용하는 몇 가지 방법을 알아보겠습니다.

시작코 만들기

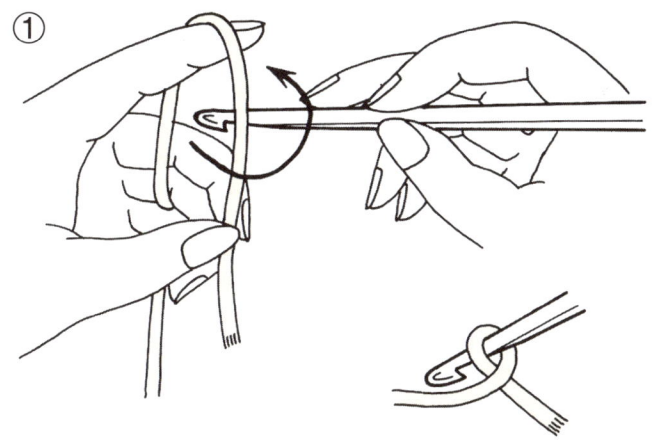

실의 뒤쪽에 바늘을 대고 화살표 방향으로 돌려 고리를 만듭니다.

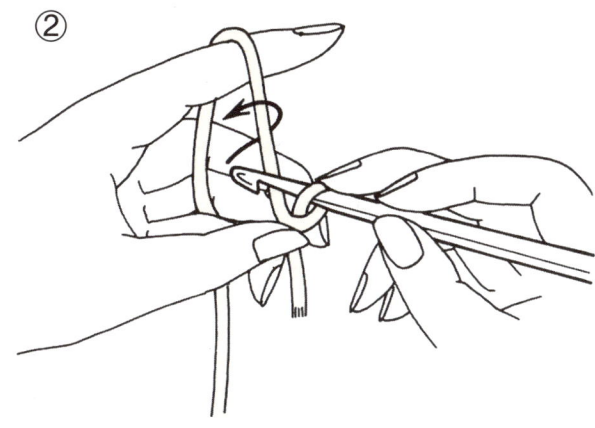

고리의 밑동을 엄지와 중지로 잡고 바늘을 움직여 화살표 방향으로 실을 겁니다.

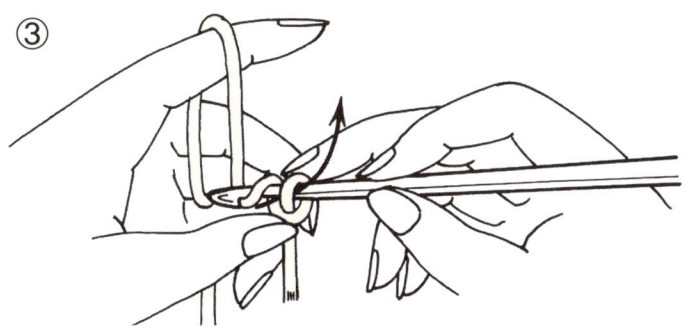

바늘에 걸려 있는 실을 화살표 방향으로 빼냅니다.

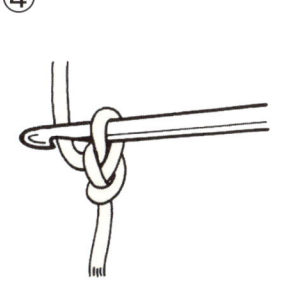

실 끝을 당겨 처음 만든 고리를 단단하게 조입니다.

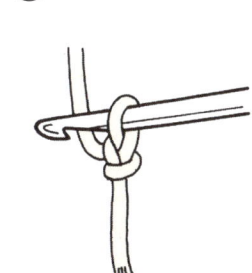

바늘에 실을 걸어 뜹니다.

사슬뜨기로 코 만들기

위의 2~3번 과정을 반복하면 사슬뜨기가 됩니다. 기호 도안에 표시된 수만큼 사슬뜨기를 합니다. 시작코가 빡빡하면 편물이 한쪽으로 몰릴 수 있으므로 주의해야 합니다.

사슬뜨기를 원으로 해서 원통형으로 뜨는 경우

원하는 치수만큼 사슬뜨기를 합니다. 사슬뜨기가 꼬이지 않도록 주의해서
①과 같이 시작코에 빼뜨기를 해 원을 만들고, 그 코부터 기호 도안대로 1단을 뜹니다.

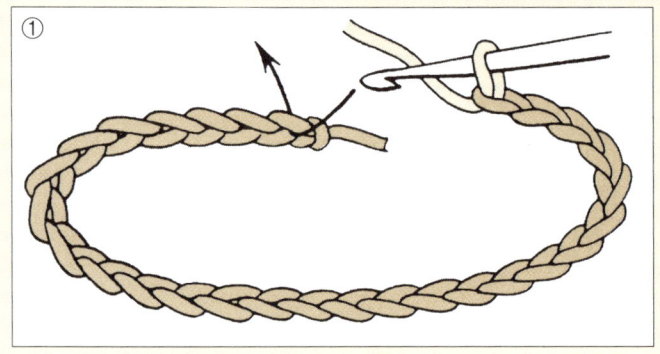

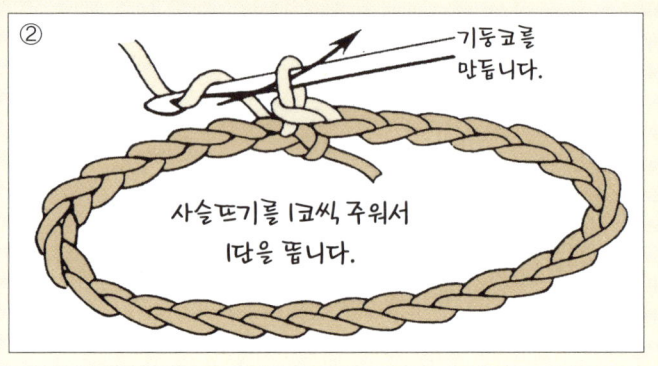
기둥코를 만듭니다.
사슬뜨기를 1코씩 주워서 1단을 뜹니다.

사슬뜨기의 시작코에서 1단 줍기

사슬뜨기의 시작코에서 코를 주워서 1단을 뜨는 경우에는 A, B, C 세 가지 종류의 기법이 있습니다.
작품의 특징에 맞는 기법을 선택해서 사용합니다.

A. 사슬 반코 줍기

일반적인 방법으로, 줍는 실을 알기 쉽고 신축성이 있습니다. 짧은뜨기나 1길긴뜨기 등 시작코를 건너뛰지 않고
전부를 줍는 편물에 적당합니다.

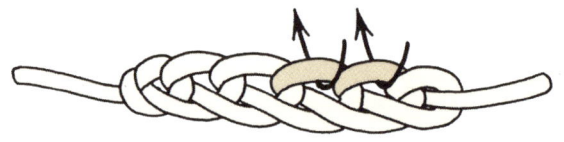 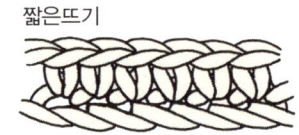 짧은뜨기 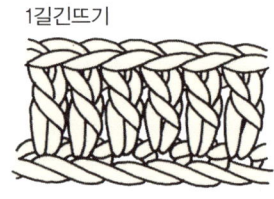 1길긴뜨기

B. 사슬코의 뒷산 줍기

나중에 1단을 뜨거나 역방향에 가장자리 뜨기를 하지 않는 경우에 사용하며 시작코의 사슬이 배열되어 깔끔한
가장자리가 됩니다.

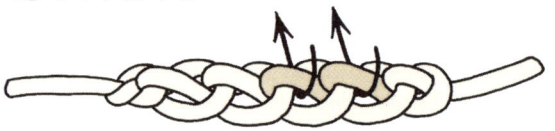 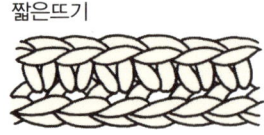 짧은뜨기  1길긴뜨기

C. 사슬 반코와 사슬코의 뒷산 줍기

무늬뜨기로, 솔잎뜨기나 구슬뜨기 같은 1코의 사슬뜨기에 2코 이상의 코를 뜰 때나 모눈뜨기, 그물뜨기, 조개무
늬뜨기 같은 시작코의 사슬을 건너뛰어 줍는 편물에 적당합니다.

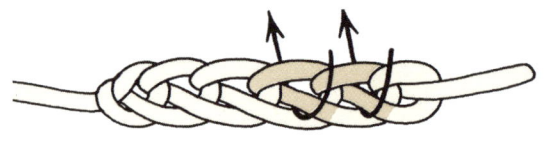  모눈뜨기  그물뜨기

원형뜨기의 시작코와 1단의 코 줍기

사슬뜨기로 고리를 만드는 A 방법과 실로 고리를 만드는 B 방법이 있습니다.

A 방법
기호 도안에 따라 사슬뜨기로 고리를 만들고, 그 고리를 시작코로 해서 1단을 뜹니다. ③, ④에서는 1단의 뜨개코에 적합한 기둥코의 콧수만큼 사슬뜨기를 합니다.

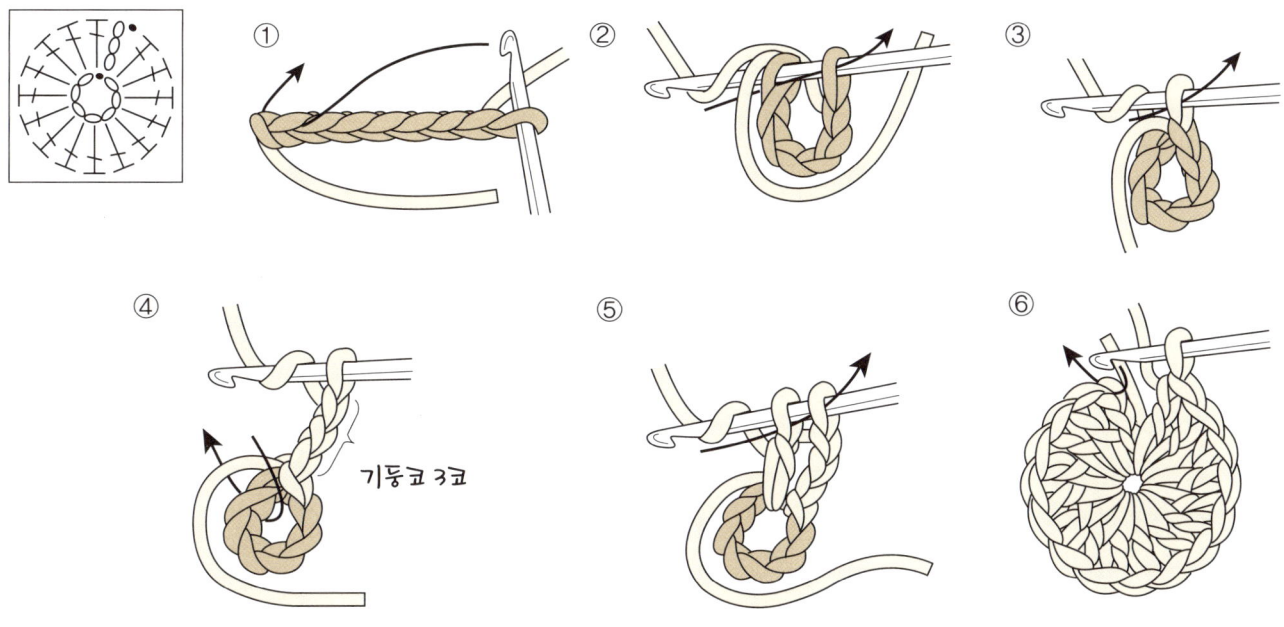

B 방법
실로 고리를 만들어 그 고리를 시작코로 해서 1단을 뜹니다. ③, ④에서는 1단의 뜨개코에 적합한 기둥코의 콧수만큼 사슬뜨기를 합니다.

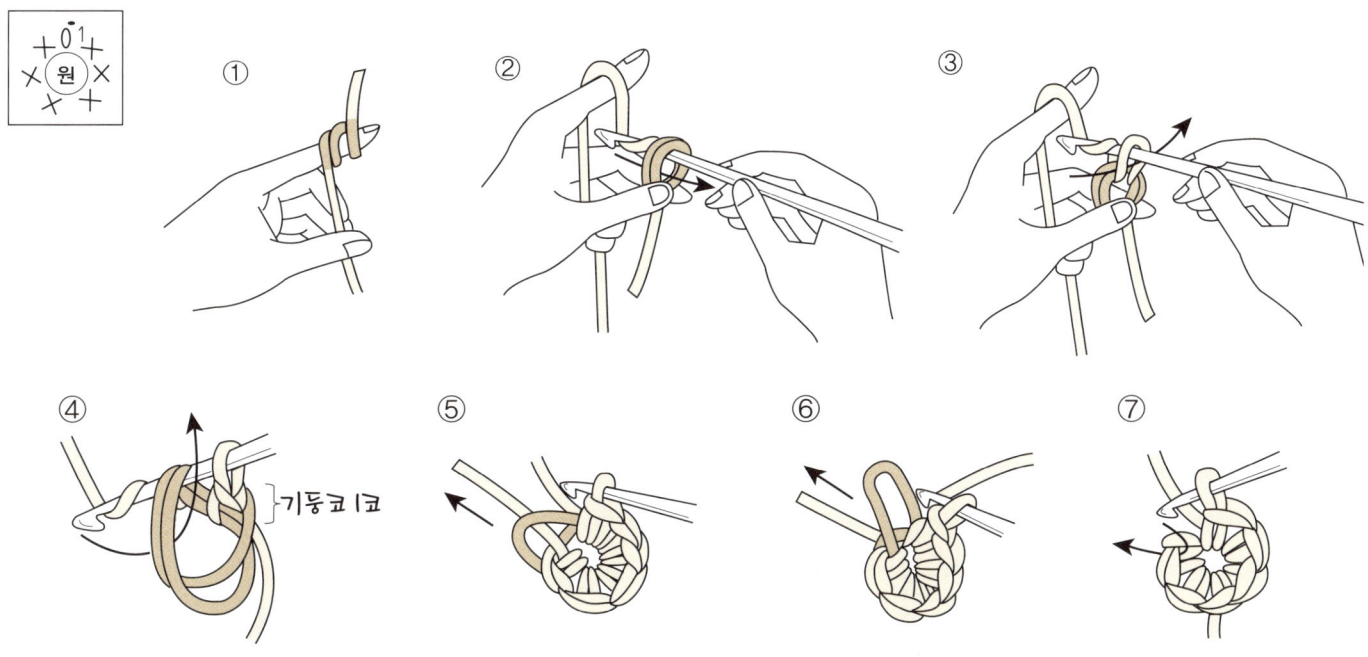

필요 콧수를 고리에 다 떴으면 실 끝을 당겼을 때 움직이는 고리를 당겨 1개의 고리를 단단히 조입니다.

실 끝을 당겨 남은 1개의 고리도 조입니다.

단의 시작코인 짧은뜨기의 머리 부분에 바늘을 넣고 빼뜨기를 합니다.

아랫단에서 코 줍기

코바늘뜨기의 2단부터는 특별한 지시가 없는 한 아랫단 코의 사슬코 부분을 주워서 뜹니다. 이 사슬은 코의 겉면에서 보면 코의 오른쪽이, 안면에서 보면 왼쪽이 됩니다. 긴뜨기, 구슬뜨기, 팝콘뜨기 등에서 줍는 코는 주의해서 뜹니다.

짧은뜨기의 안면에서 줍기
평뜨기

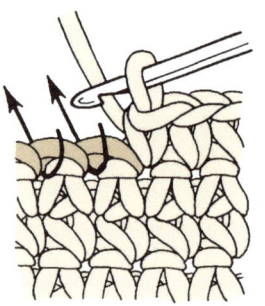

짧은뜨기의 겉면에서 줍기
환편뜨기

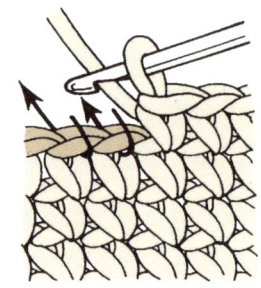

긴뜨기의 안면에서 줍기
평뜨기

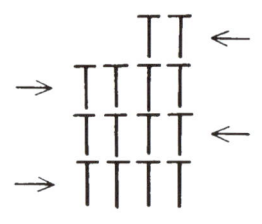
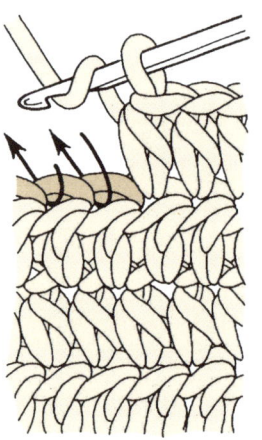

긴뜨기의 겉면에서 줍기
환편뜨기

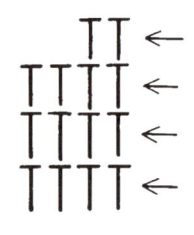
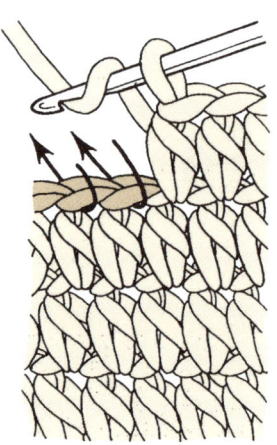

1길긴뜨기의 안면에서 줍기
평뜨기

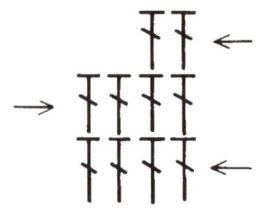
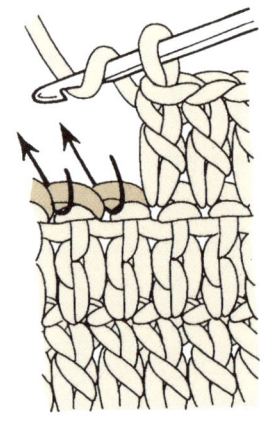

1길긴뜨기의 겉면에서 줍기
환편뜨기

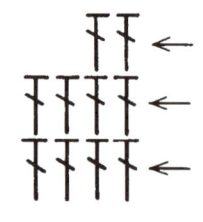
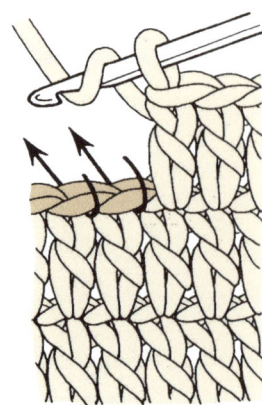

긴뜨기 구슬뜨기의 안면에서 줍기

평뜨기

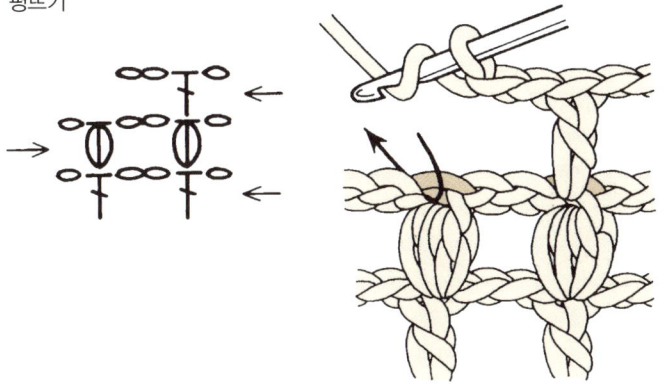

긴뜨기 구슬뜨기의 겉면에서 줍기

환편뜨기

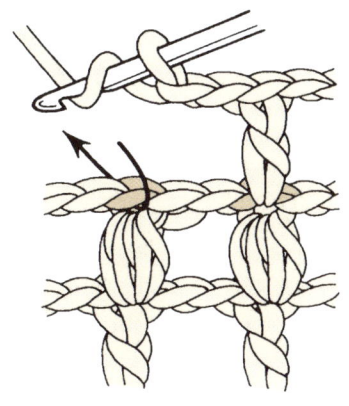

긴뜨기 구슬뜨기의 안면에서 줍기

〈사슬 3코, 구슬뜨기, 사슬 3코 그물뜨기의 줍는 코〉

평뜨기

긴뜨기 구슬뜨기의 겉면에서 줍기

환편뜨기

〈사슬 4코, 구슬뜨기, 사슬 2코 그물뜨기의 줍는 코〉

평뜨기

환편뜨기

1길긴뜨기 구슬뜨기의 안면에서 줍기
평뜨기

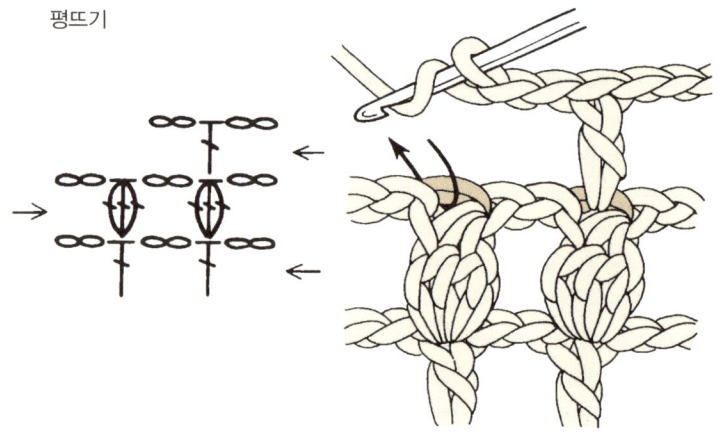

1길긴뜨기 구슬뜨기의 겉면에서 줍기
환편뜨기

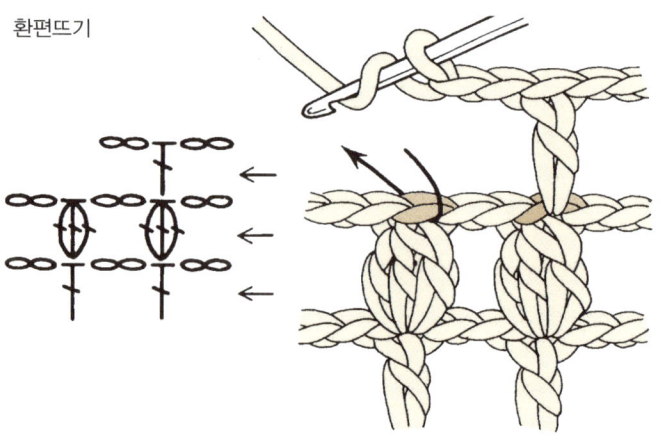

1길긴뜨기 구슬뜨기의 안면에서 줍기
평뜨기

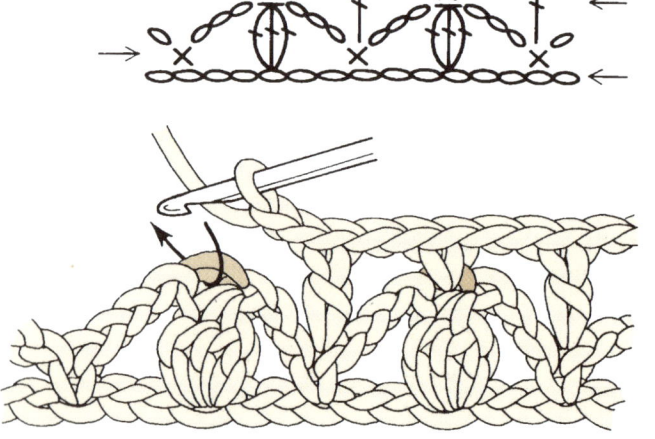

1길긴뜨기 구슬뜨기의 겉면에서 줍기
환편뜨기

팝콘뜨기의 안면에서 줍기
평뜨기

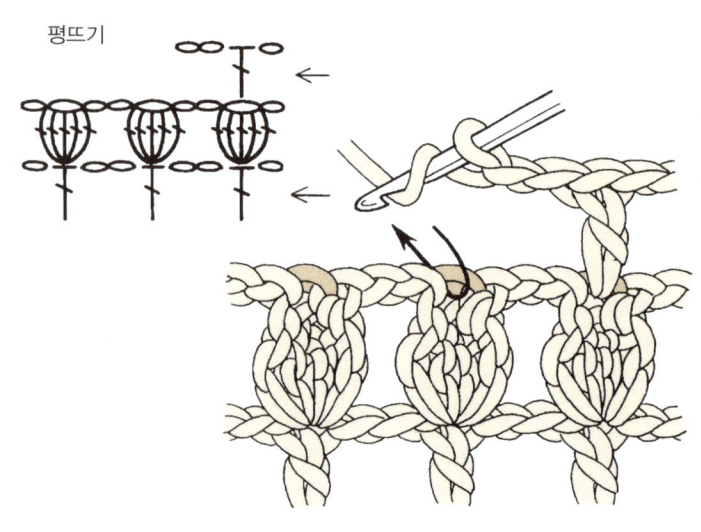

팝콘뜨기의 겉면에서 줍기
환편뜨기

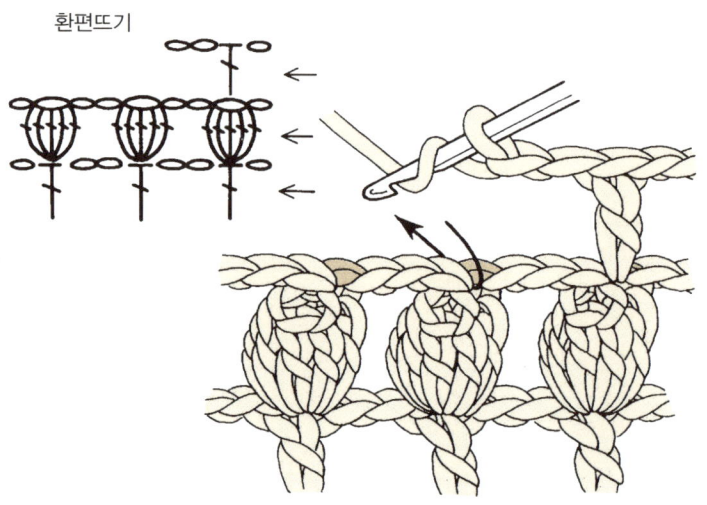

코 늘리기

편물의 폭을 넓히기 위해 코의 수를 늘리는 기술을 '늘림코'라고 합니다.
콧수를 늘리는 방법에는 여러 가지가 있으니 작품에 따라 알맞은 방법을 선택하면 됩니다.

1코 늘리기   1코에 2코를 뜹니다.

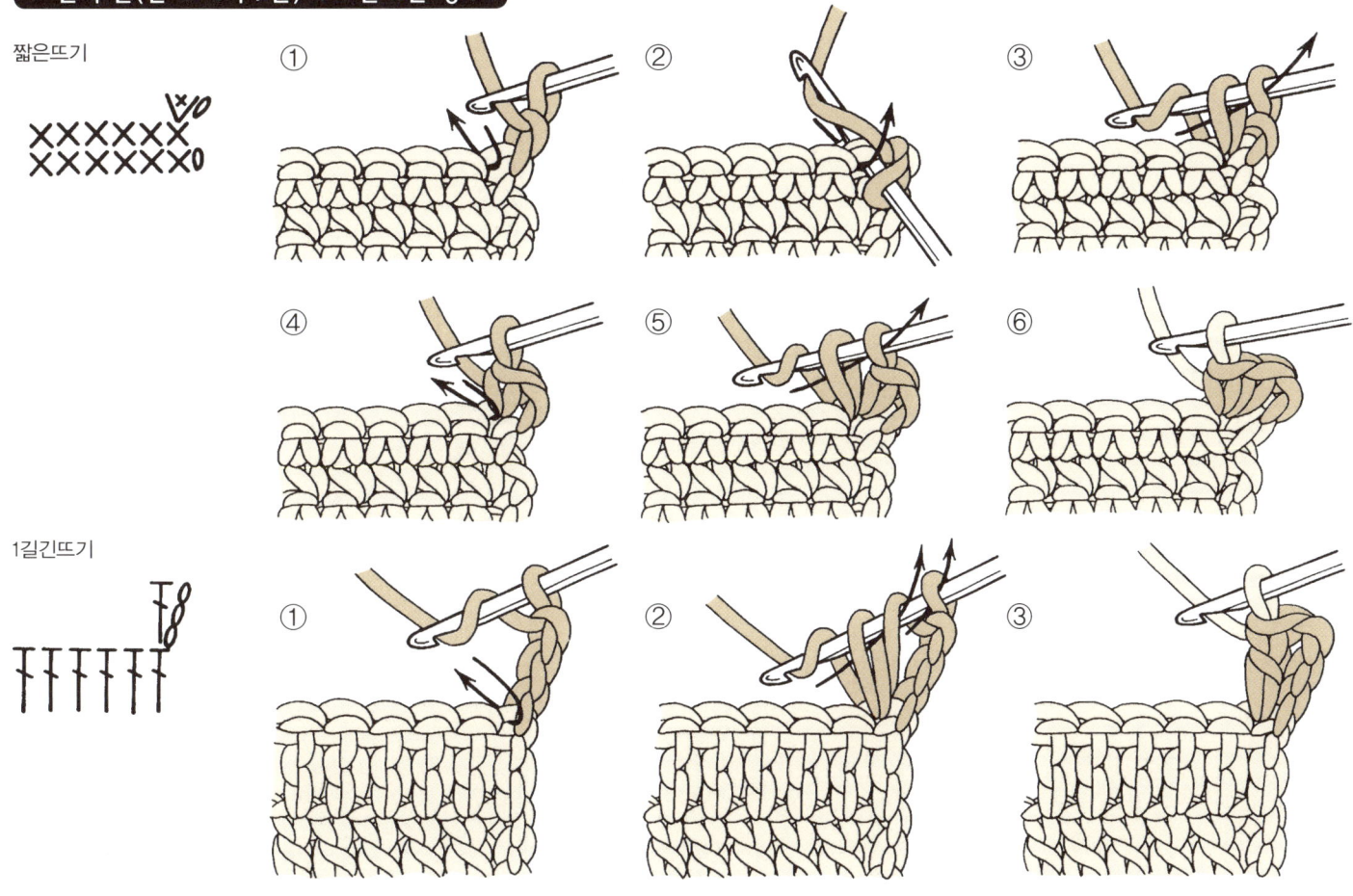

1길긴뜨기

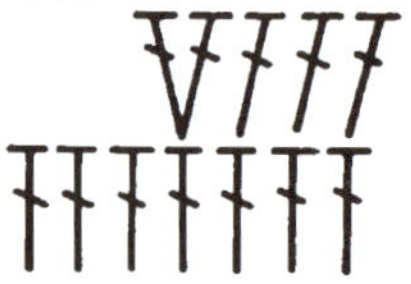

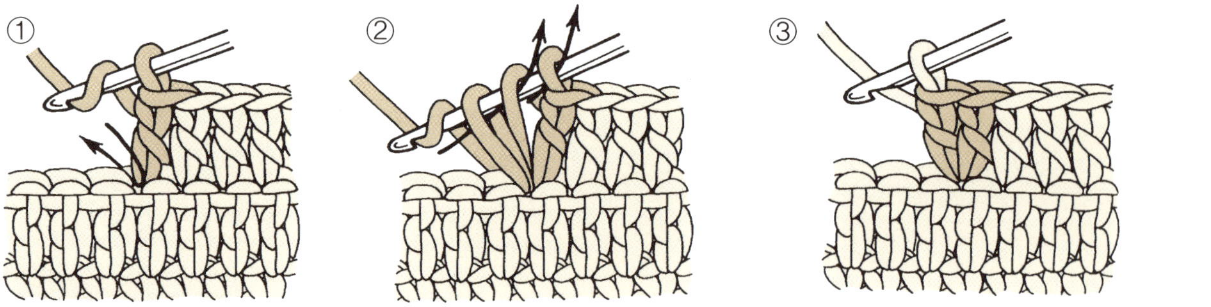

왼쪽 끝(단의 끝부분)에서 늘리는 경우

짧은뜨기

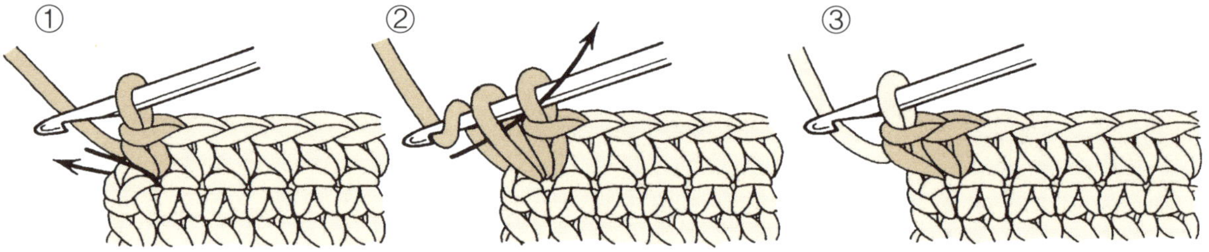

1길긴뜨기

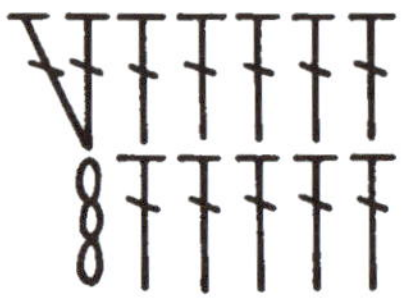

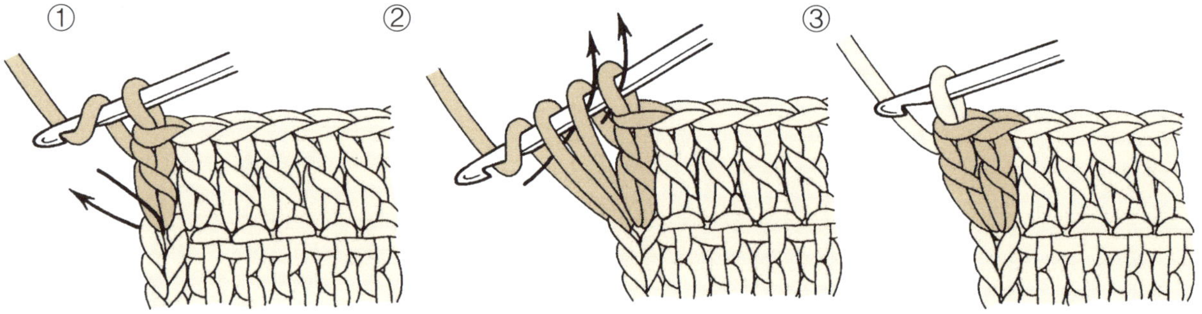

2코 늘리기
1코에 3코를 뜹니다.

오른쪽 끝(단의 시작부분)에서 늘리는 경우

짧은뜨기

1길긴뜨기

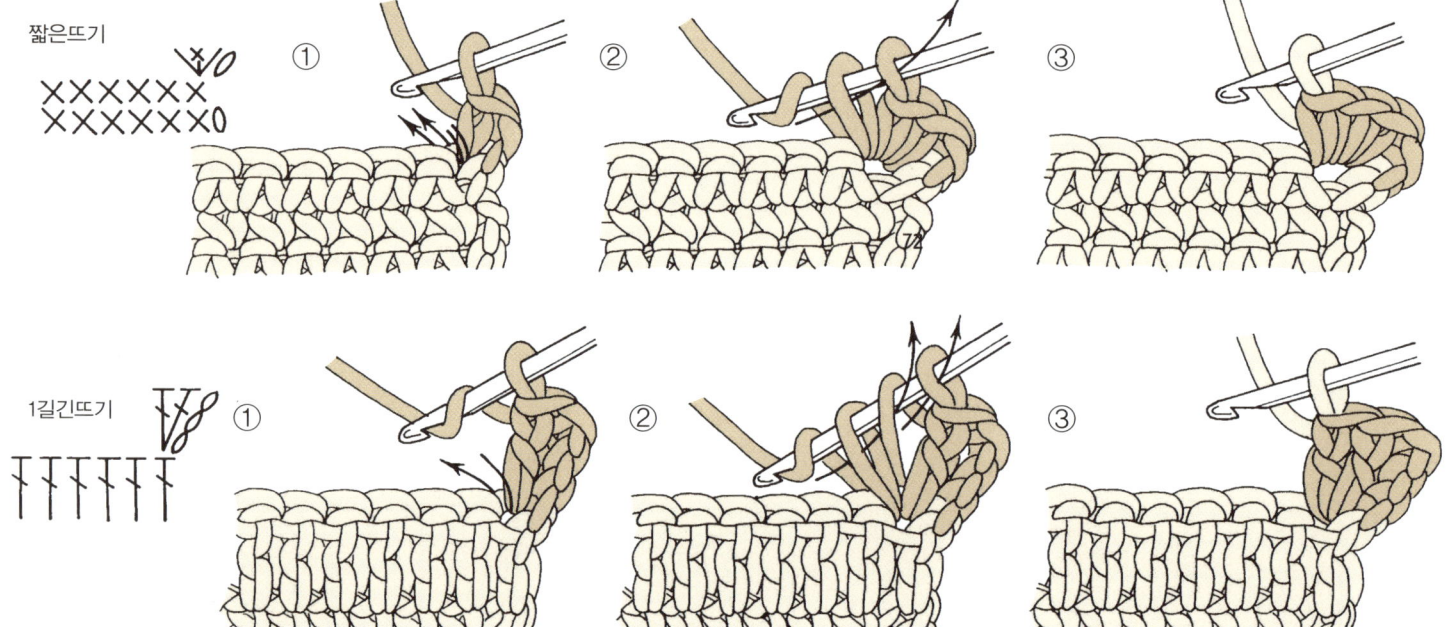

가운데(코와 코 사이)에서 늘리는 경우

짧은뜨기 3코 넣어뜨기

1길긴뜨기 3코 넣어뜨기

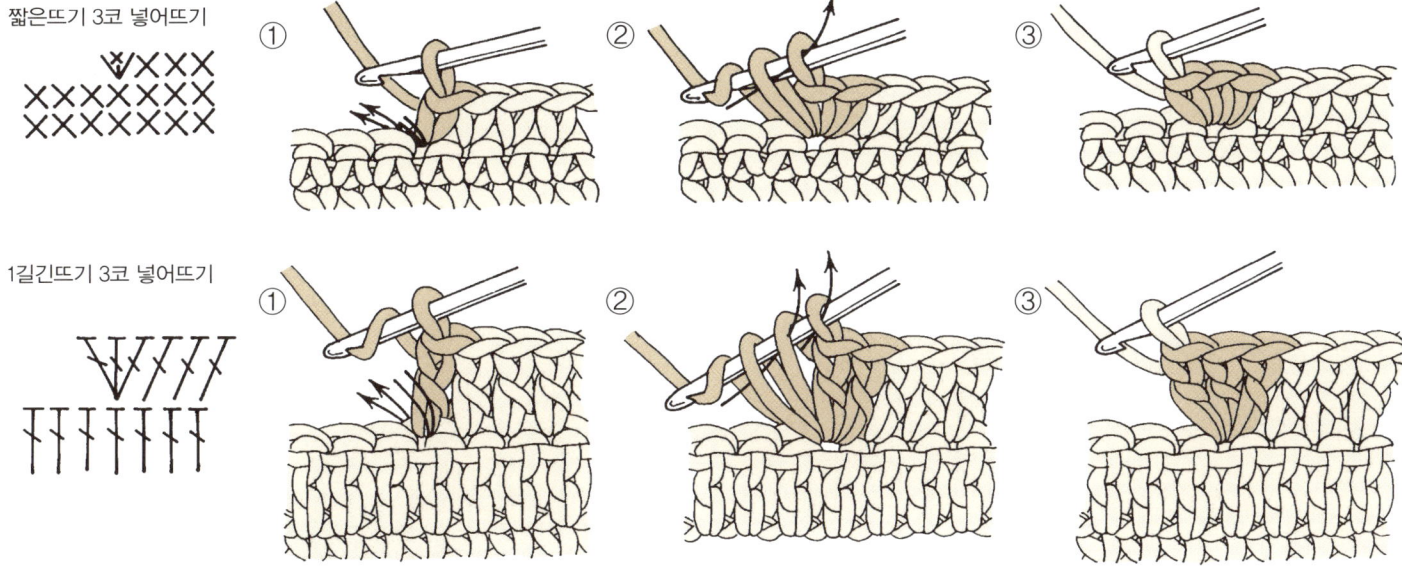

왼쪽 끝(단의 끝부분)에서 늘리는 경우

짧은뜨기 3코 넣어뜨기

1길긴뜨기 3코 넣어뜨기

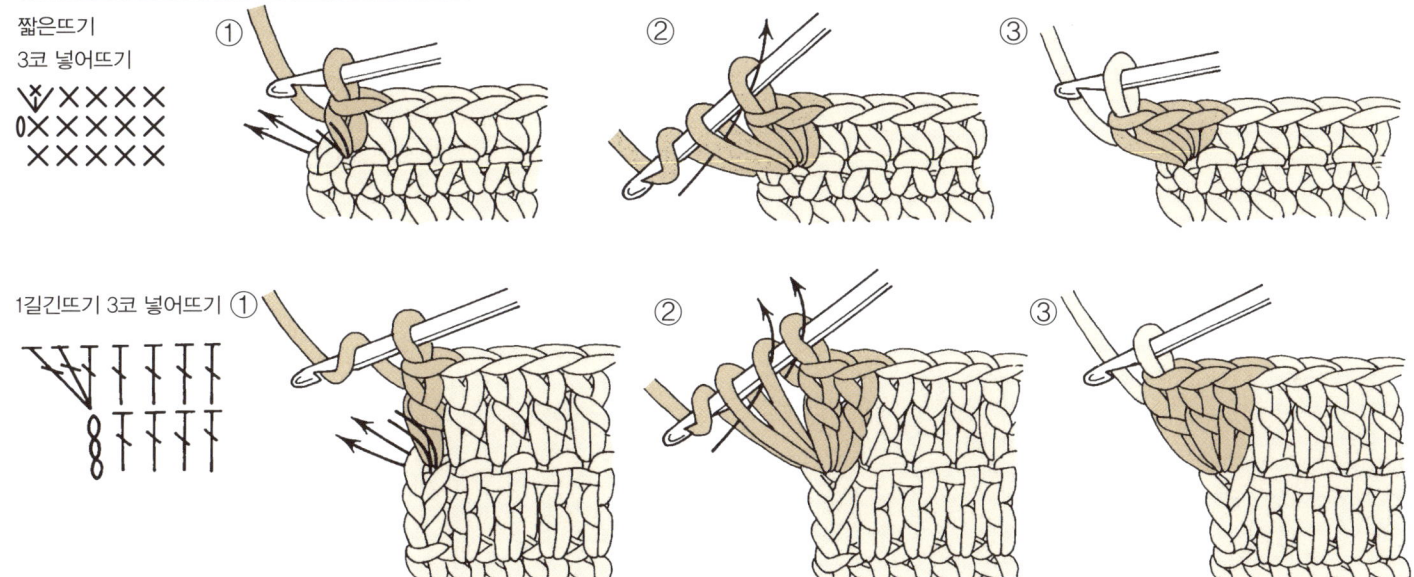

3코 이상 늘리기

오른쪽 끝(단의 시작부분)에서 늘리는 경우 사슬코를 만듭니다.

짧은뜨기

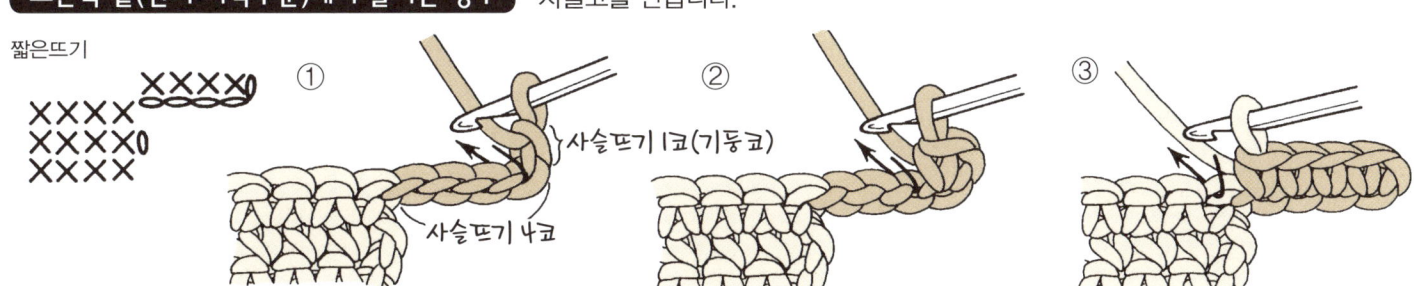

1길긴뜨기

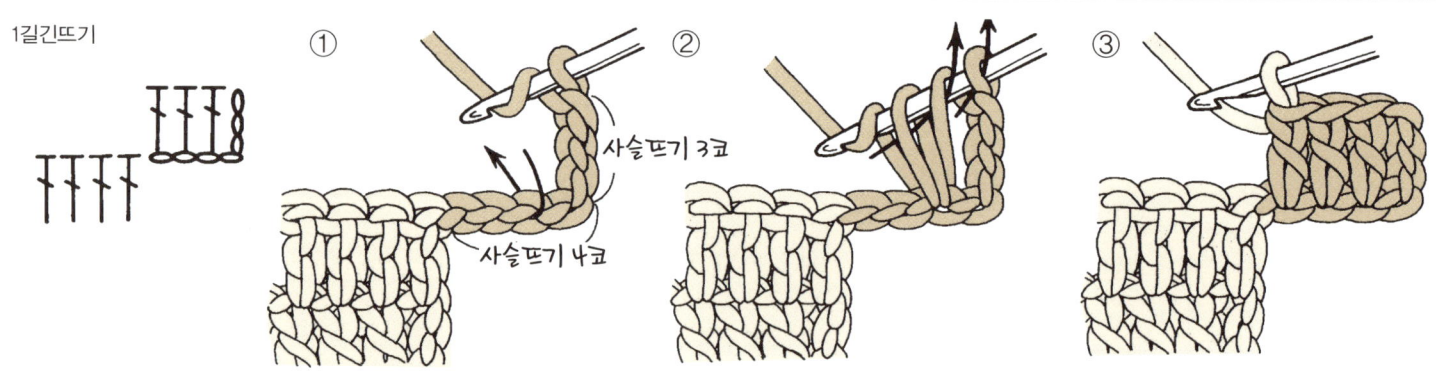

사슬뜨기 3코
사슬뜨기 4코

왼쪽 끝(단의 끝부분)에서 늘리는 경우

새로운 실로 사슬코 먼저 만들기

짧은뜨기

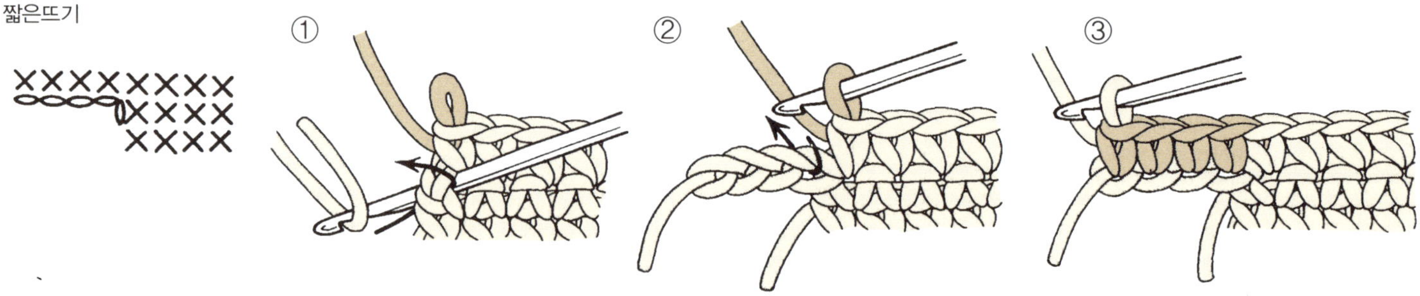

1길긴뜨기

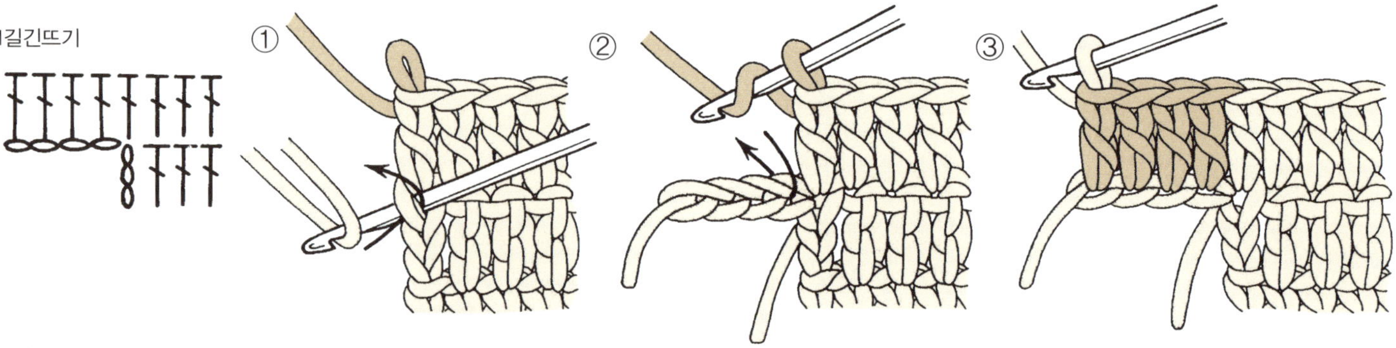

짧은뜨기 만들기

짧은뜨기

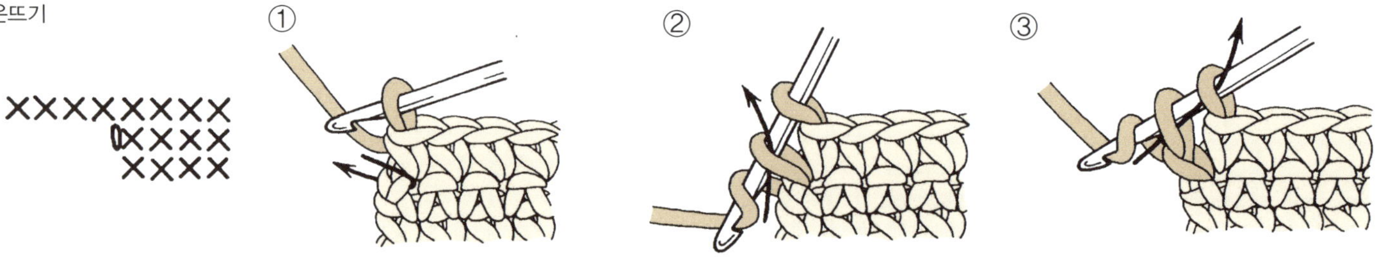

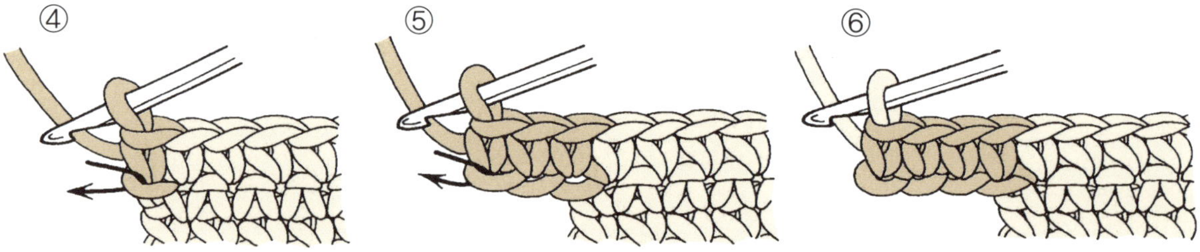

1길긴뜨기 만들기

1길긴뜨기

① ② ③
④ ⑤ ⑥

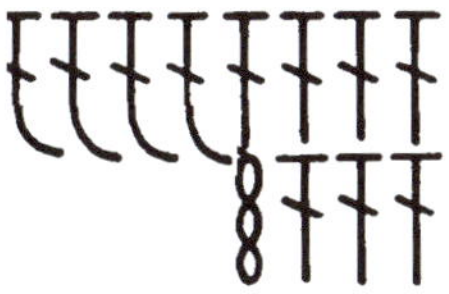

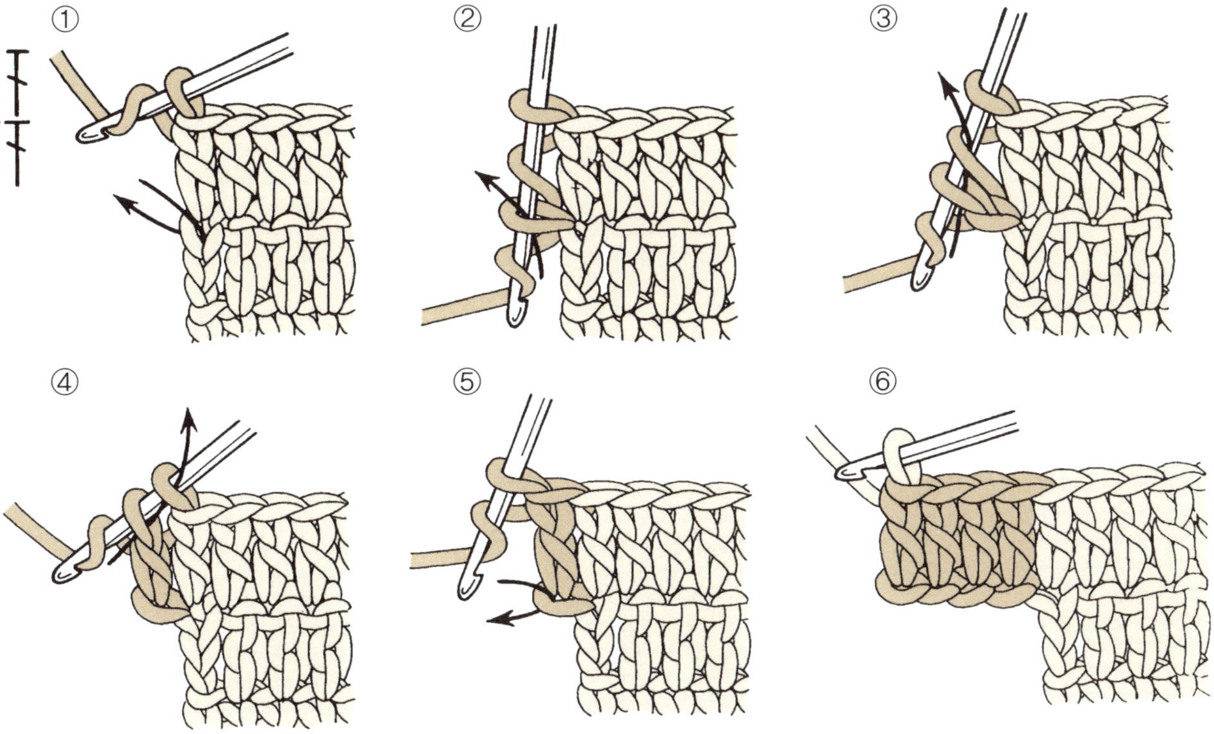

2길긴뜨기 만들기

1길긴뜨기

① ② ③
④ ⑤ ⑥

75

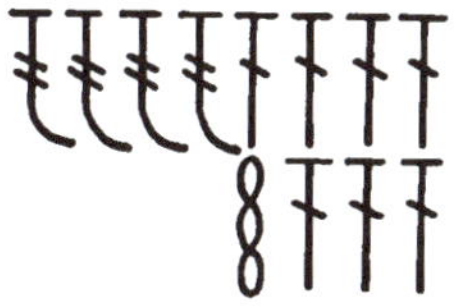

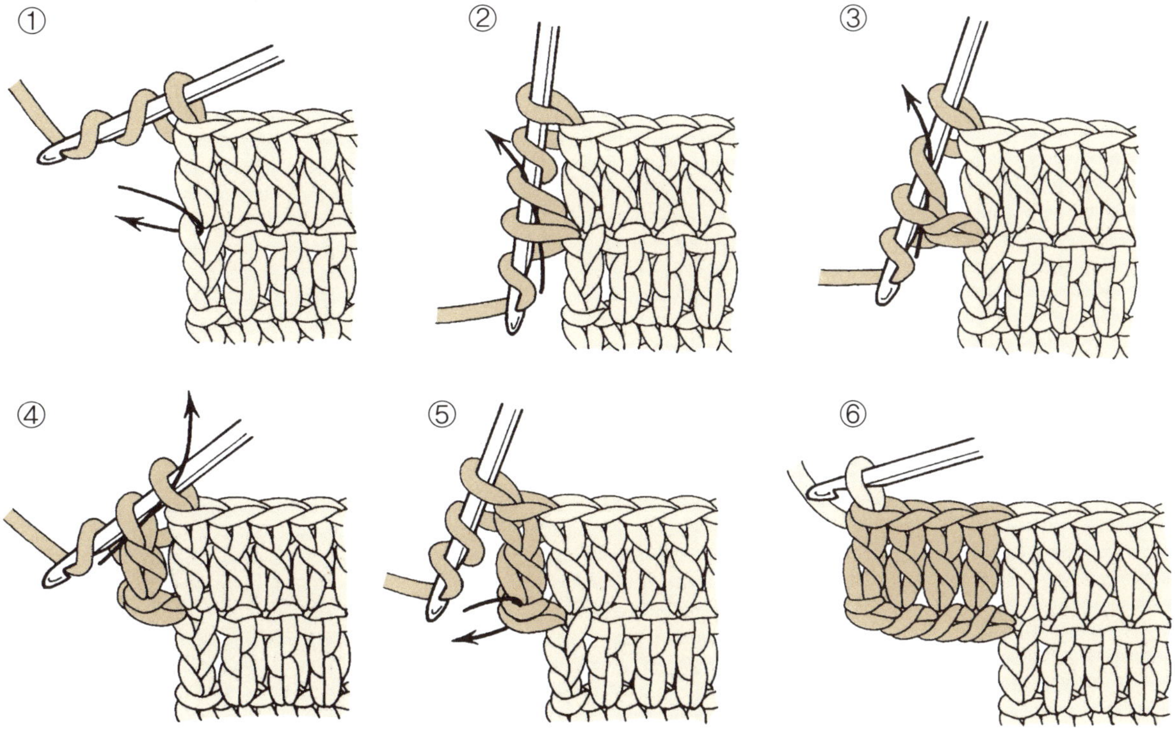

코 줄이기

편물의 폭을 좁히기 위해 코의 수를 줄이는 기술을 '줄임코'라고 합니다.
코를 줄이는 방법에는 여러 가지가 있으니 작품에 따라 알맞은 방법을 선택하면 됩니다.

1코 줄이기 2코를 한 번에 뜹니다.

오른쪽 끝(단의 시작부분)에서 줄이기

짧은뜨기

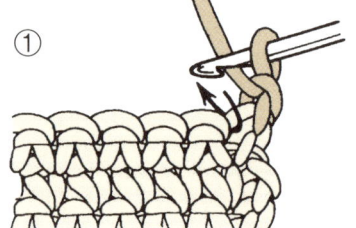
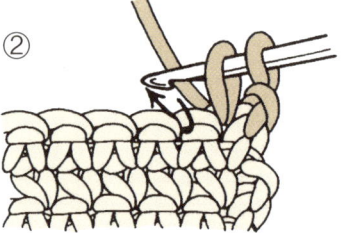
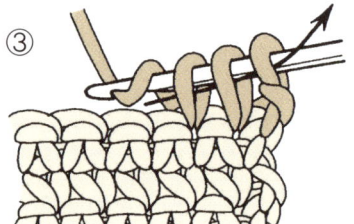
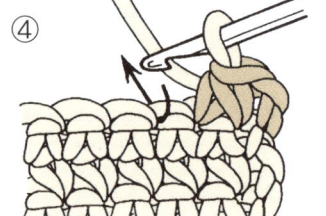

1길긴뜨기

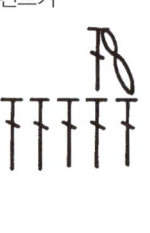
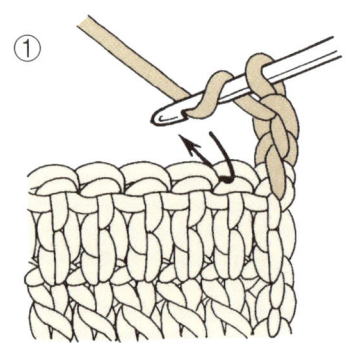
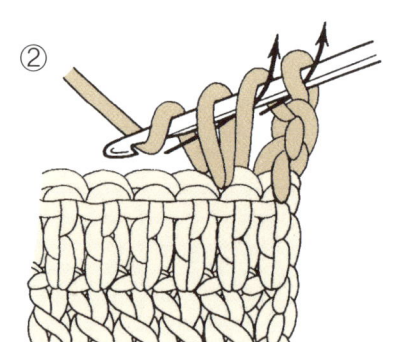
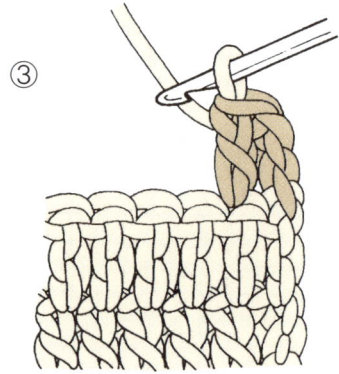

가운데(코와 코 사이)에서 줄이기

짧은뜨기

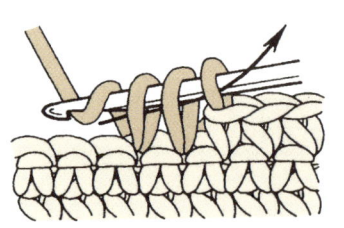
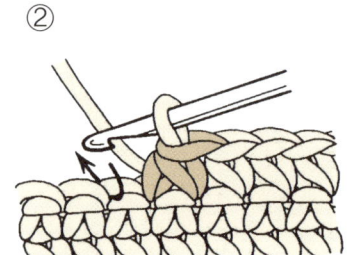

1길긴뜨기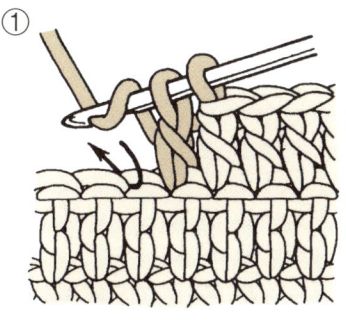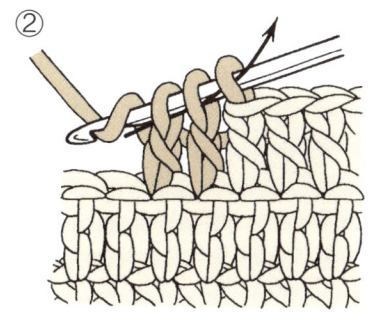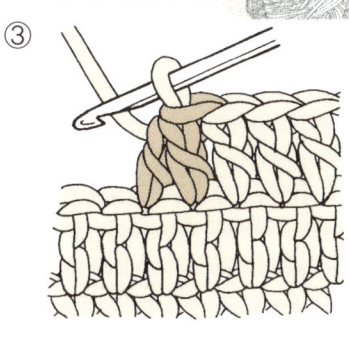

왼쪽 끝(단의 끝부분)에서 줄이기

짧은뜨기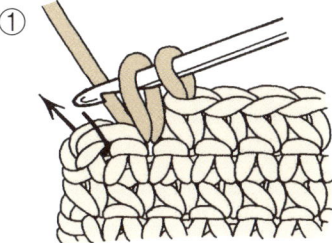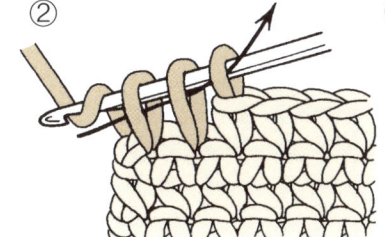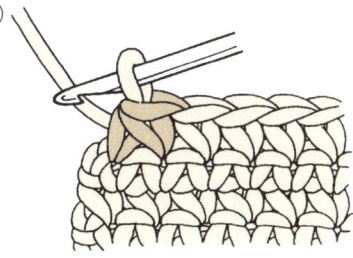

1길긴뜨기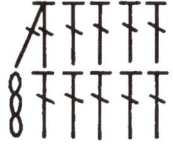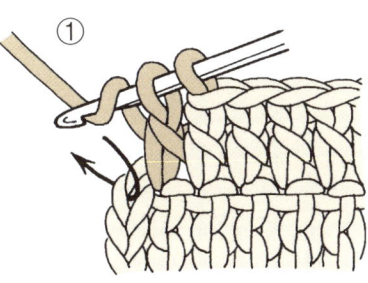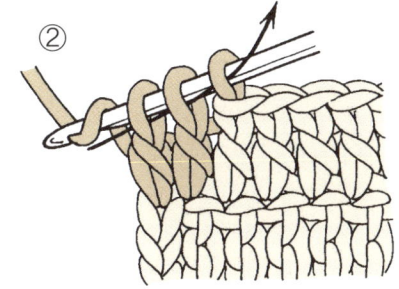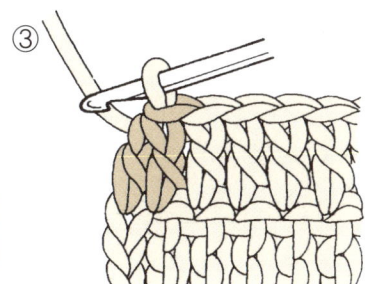

2코 줄이기

3코를 한 번에 뜹니다.

오른쪽 끝(단의 시작부분)에서 줄이기

짧은뜨기 3코 모아뜨기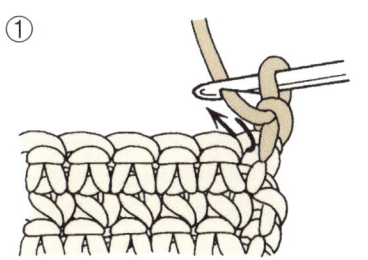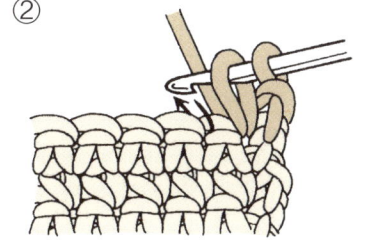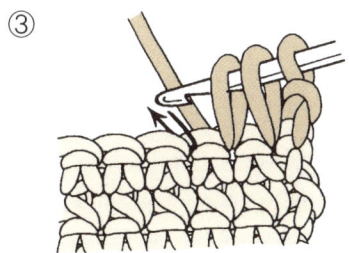

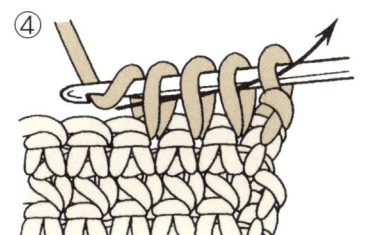 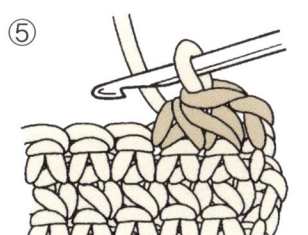 

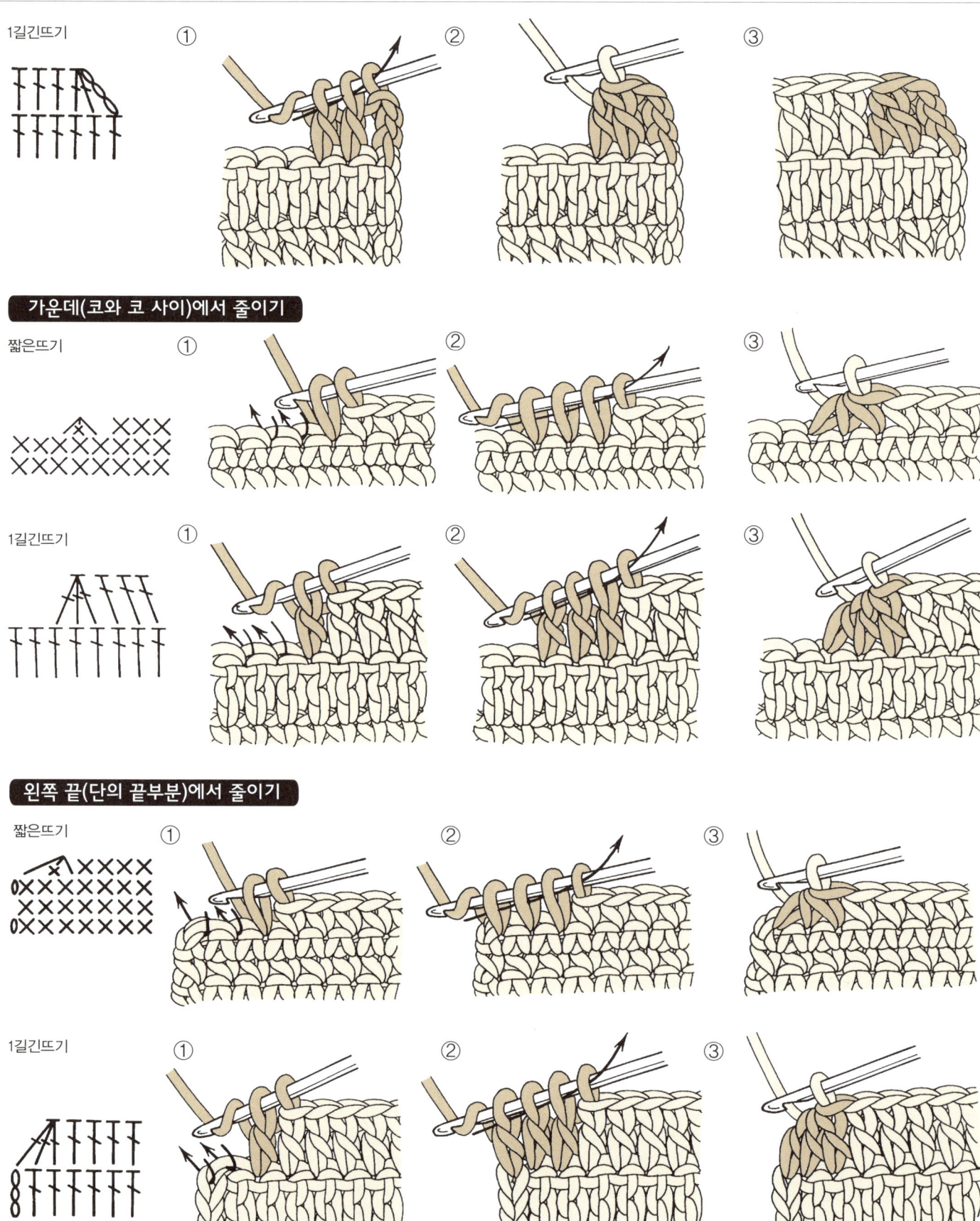

3코 이상 줄이기

오른쪽 끝(단의 시작부분)에서 줄이기　　'코막음'이라고 합니다.

실을 넘기는 방법

짧은뜨기

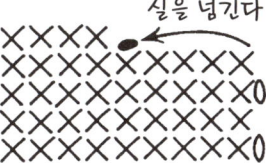

①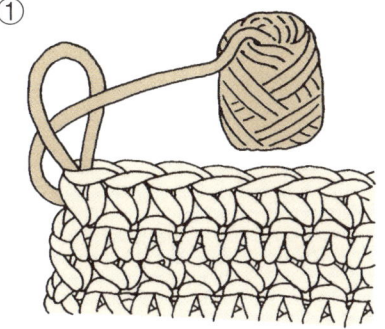

②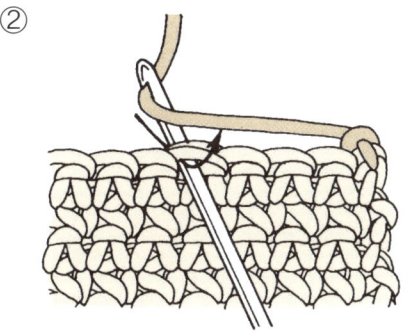

③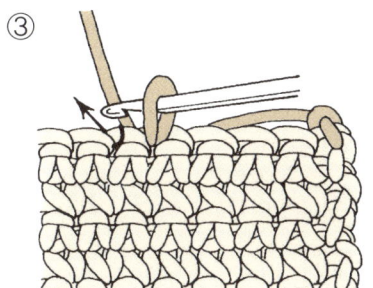

④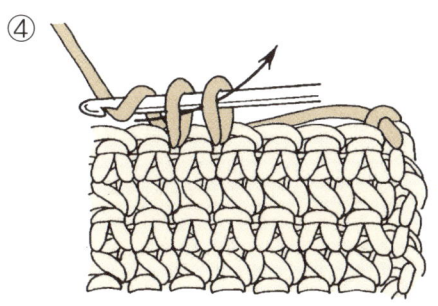

⑤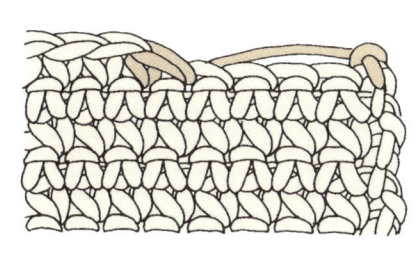

1길긴뜨기

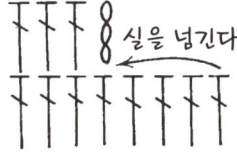

①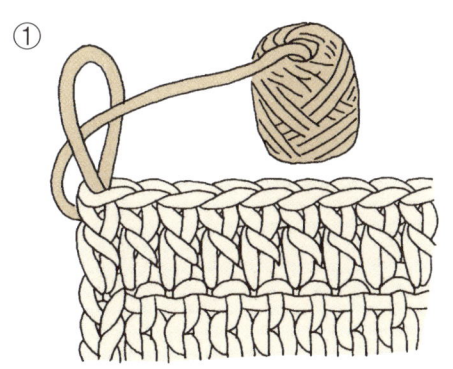

②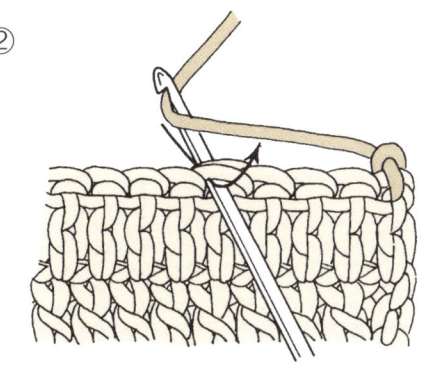

③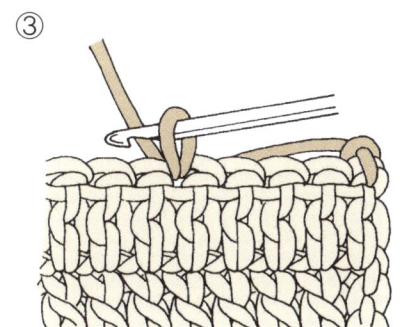

④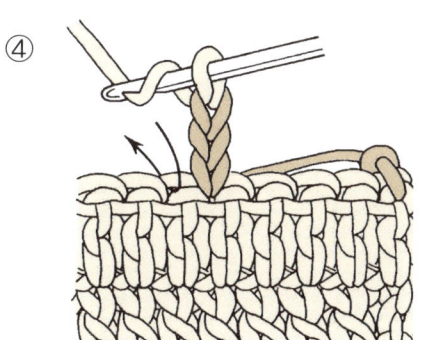

⑤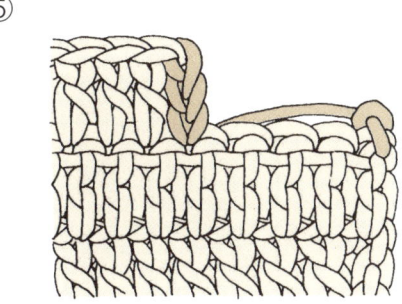

빼뜨기로 코막음을 하는 방법

짧은뜨기

1길긴뜨기

왼쪽 끝(단의 끝부분)에서 줄이기
뜨다 남깁니다.

짧은뜨기

1길긴뜨기

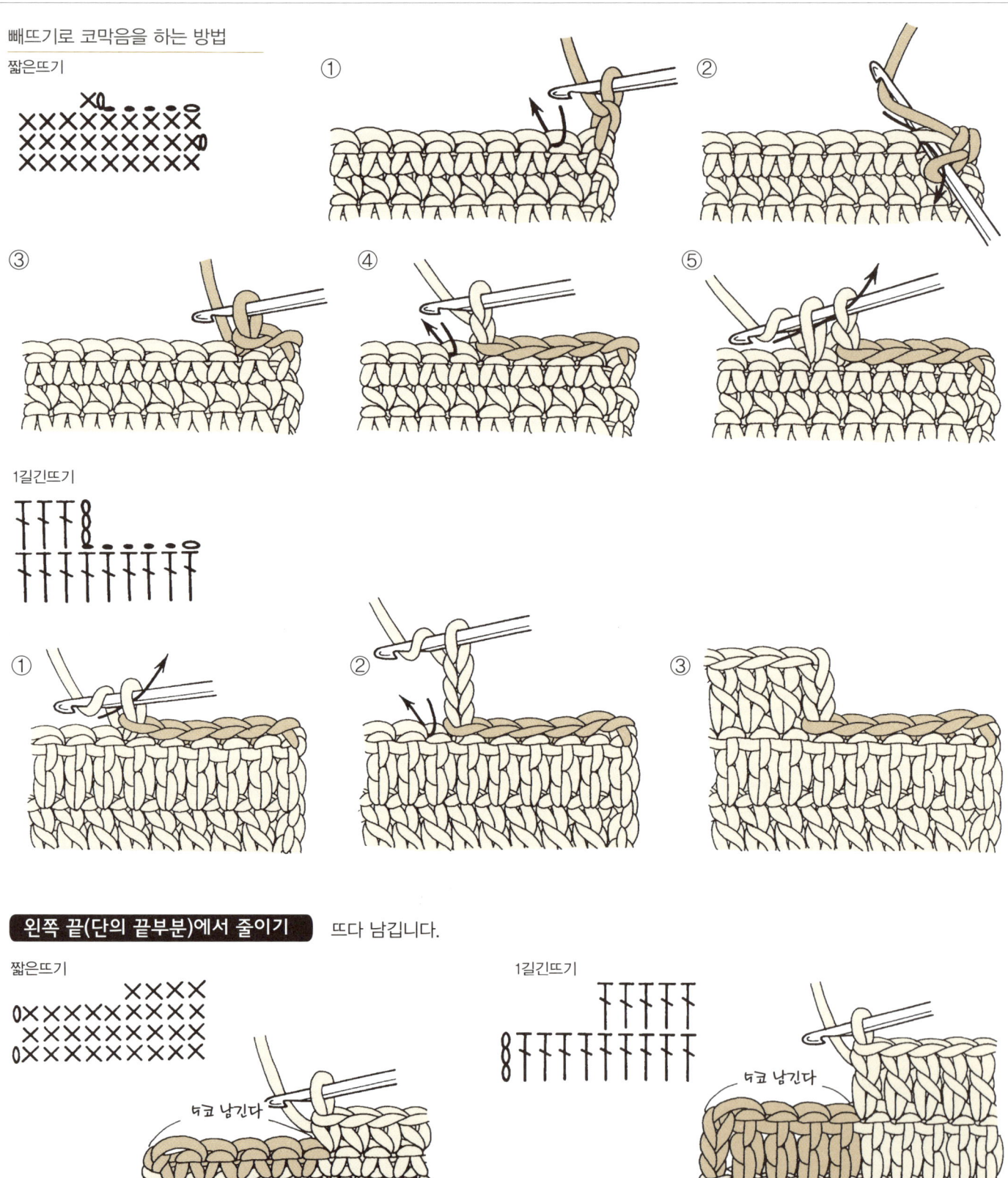

기울어지는 편물 바로잡기

긴뜨기는 위의 사슬이 기둥보다 뒤로 어긋나 있어서 아랫단의 코에 맞춰 뜨면 편물이 기울어집니다. 다음과 같은 방법을 사용하면 편물이 기울어지는 것을 막을 수 있습니다.

기울어진 긴뜨기와 짧은뜨기

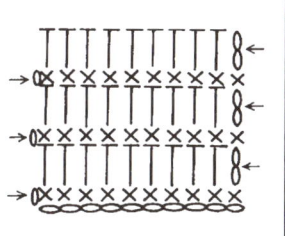

기울어지는 것을 막는 긴뜨기와 짧은뜨기

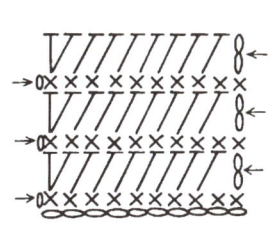

기울어진 긴뜨기의 환편뜨기

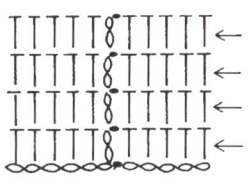

기울어지는 것을 막는 긴뜨기의 환편뜨기

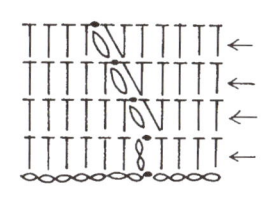

뜨개 마무리하기

뜨개 끝내기

마지막 코가 끝나면 실을 10cm 정도 남기고 자릅니다. 마지막 코는 ①과 같이 늘린 후 실을 넣어 잡아당깁니다.

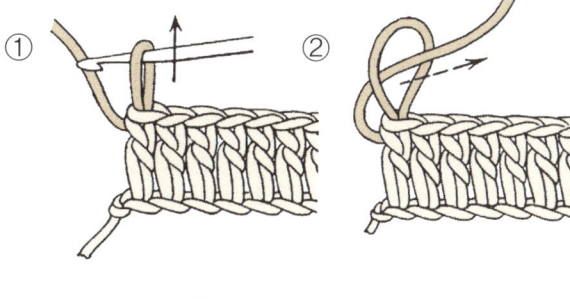

실 끝 정리하기

실 끝을 돗바늘에 꿰서 겉면에 표시나지 않게 편물 안쪽의 실을 떠서 휘감습니다.

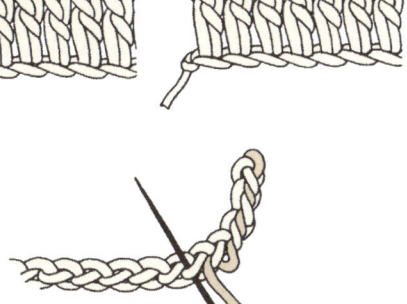
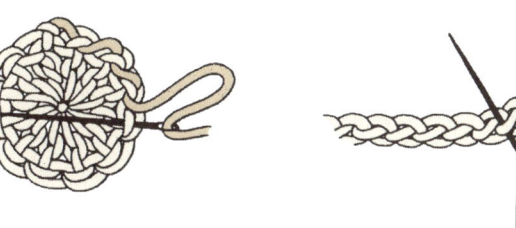

뜨개실 잇기

뜨는 도중 실이 부족하게 되면 새로운 실을 이어야 합니다. 매듭이 어느 곳에 와도 좋다면 묶거나 코 사이에서 잇는 방법을, 매듭이 신경 쓰인다면 편물의 끝에서 잇는 방법을 사용합니다. 어떤 방법을 사용하더라도 실 끝은 편물의 뒤쪽에서 정리합니다.

실과 실 묶기

맞매듭
일반적인 매듭법입니다.

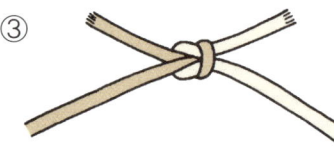

접친매듭
매듭이 단단히 죄여져 풀기 힘듭니다.

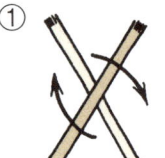
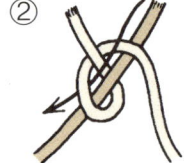

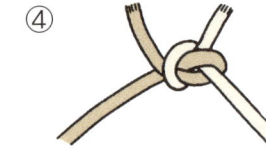

장구매듭
매듭이 단단히 죄여져 절대 풀지 못하므로 미끄러운 실에 적당합니다.

코 사이에서 잇기

코를 완성할 때 새로운 실로 바꿉니다.

짧은뜨기의 경우

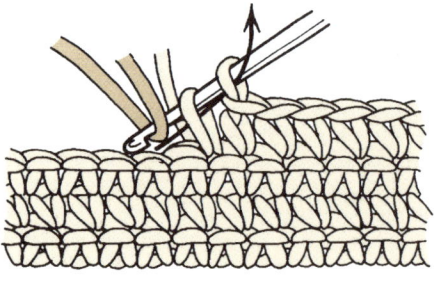

1길긴뜨기의 경우

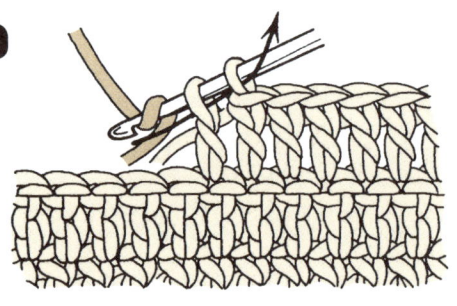

편물 끝에서 잇기

단의 마지막 코를 완성할 때 새로운 실을 화살표 방향으로 빼내 기둥코를 뜹니다.

짧은뜨기의 경우

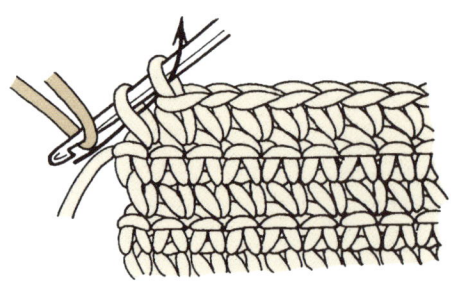

1길긴뜨기의 경우

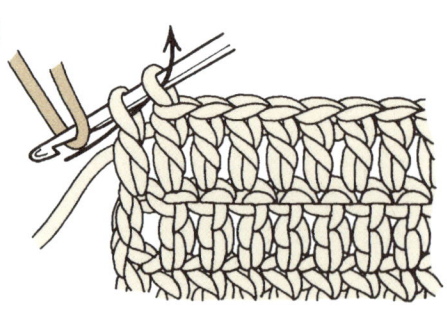

편물 잇기

편물의 끝부분과 끝부분 또는 끝부분과 시작부분, 시작부분과 시작부분 등을 옆으로 나란히 놓고 코와 코를 연결하는 것을 '잇기'라고 합니다. 일반적으로 사용하는 몇 가지 방법을 알아보겠습니다.

감아서 잇기 (감침질)

돗바늘로 뜨개코 위의 사슬 반코 또는 1코를 줍습니다. 1길긴뜨기 외에 짧은뜨기, 긴뜨기 등에도 폭넓게 응용할 수 있습니다.

안면 맞대고 사슬 1코 줍기 — 1길긴뜨기

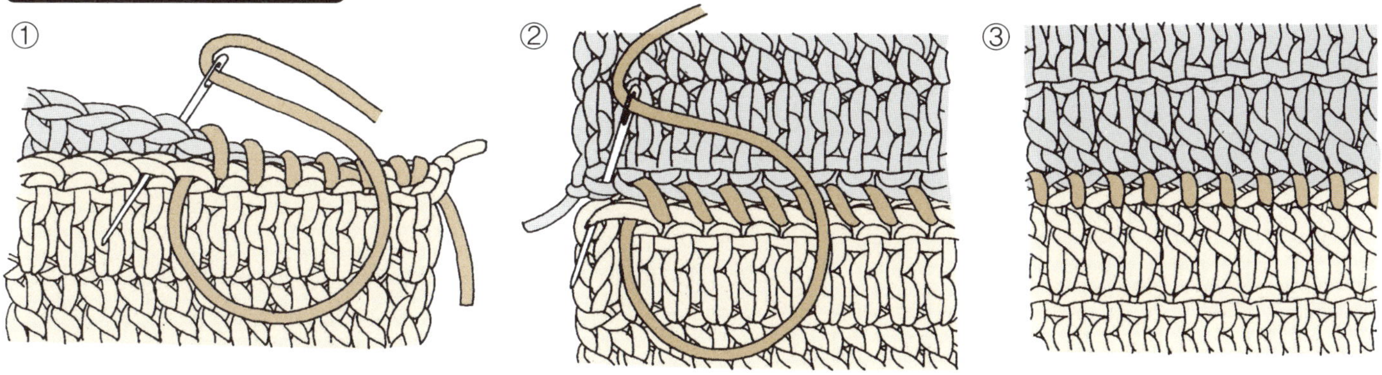

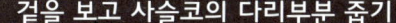

겉면 맞대고 사슬 반코 줍기 — 1길긴뜨기

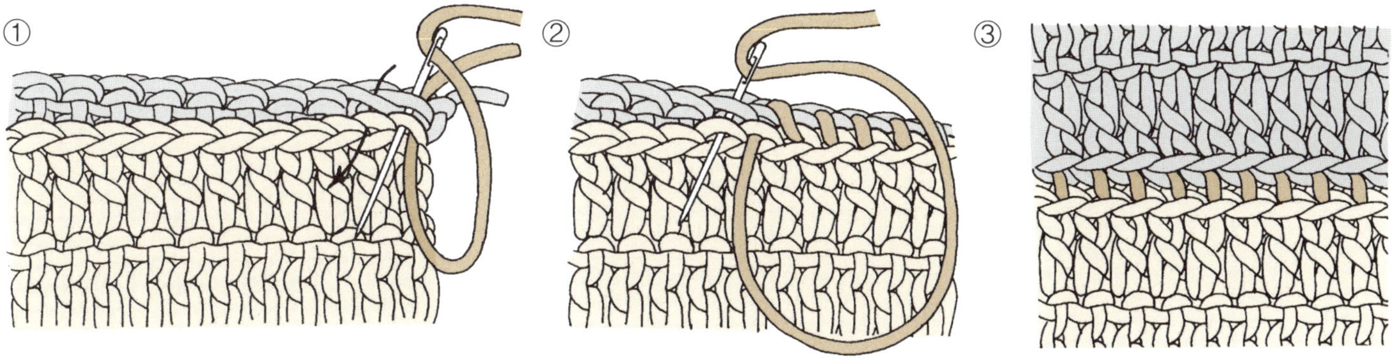

떠서 잇기

돗바늘로 다리부분(뜨개코 머리 사슬코의 아래) 또는 머리부분의 사슬코를 갈라 주워서 잇습니다.

겉을 보고 사슬코의 다리부분 줍기 — 1길긴뜨기

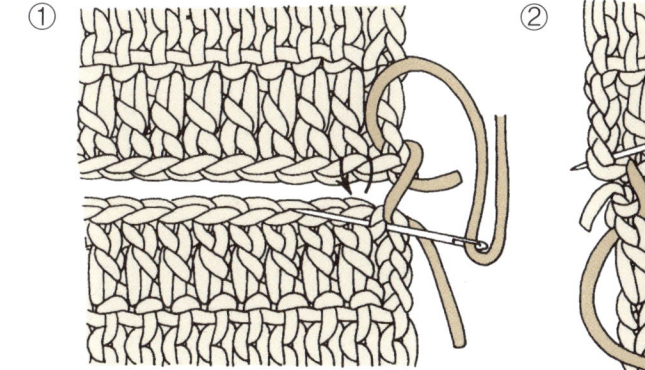
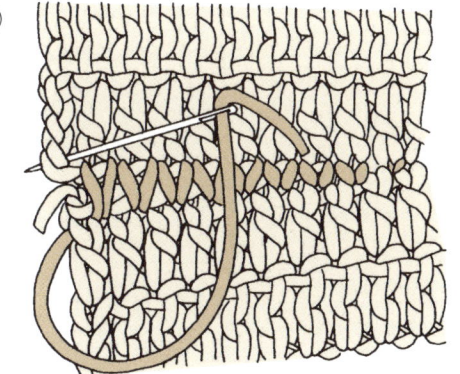
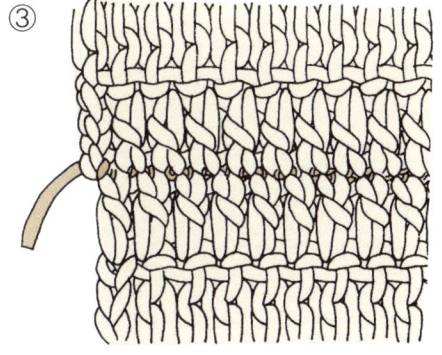

겉을 보고 한쪽은 사슬코를 갈라서, 다른 한쪽은 사슬코 다리부분 줍기　1길긴뜨기

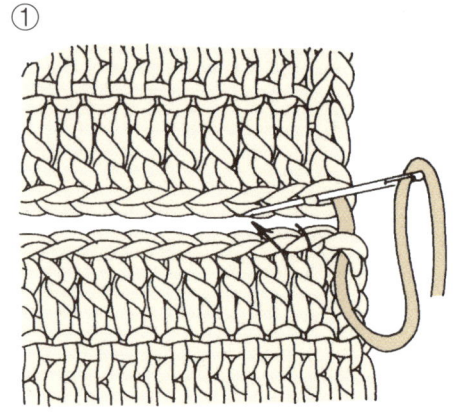
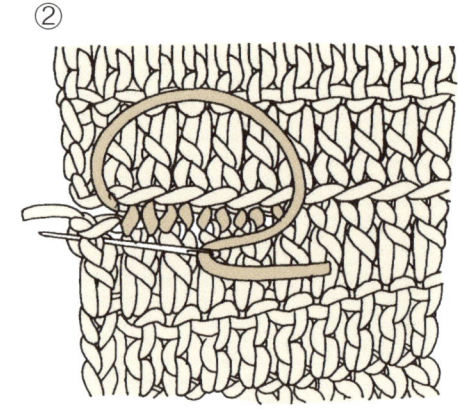
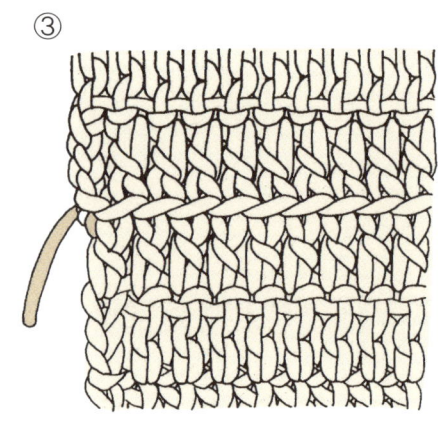

ㄷ자 잇기

돗바늘을 사용해 앞에서 건너편으로, 건너편에서 앞으로 사슬코를 반코 주워서 잇습니다. 1길긴뜨기 외에 짧은뜨기, 긴뜨기에도 응용할 수 있습니다.

안 보고 줍기　1길긴뜨기

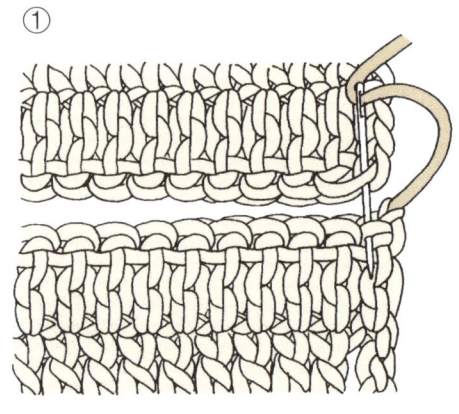
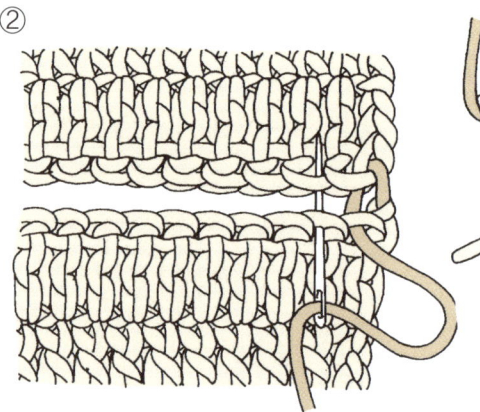
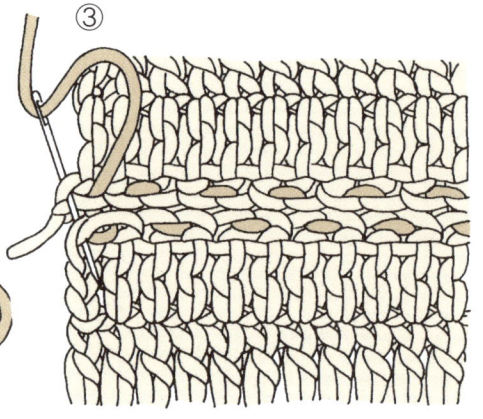

겉 보고 줍기　1길긴뜨기

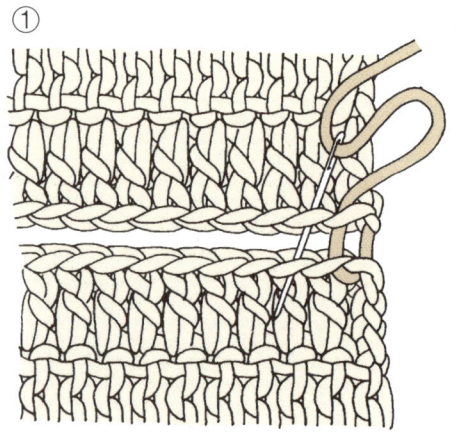
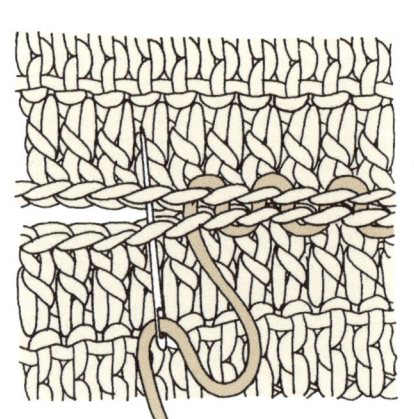
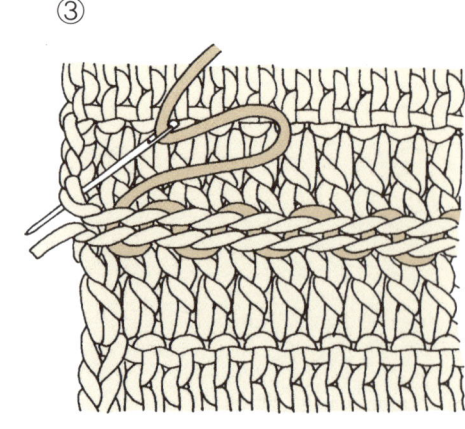

반박음질 잇기 돗바늘로 뜨개코를 갈라 반코씩 박음질을 합니다. 짧은뜨기 외에 1길긴뜨기에도 응용할 수 있습니다.

안면 맞대고 꿰매기 짧은뜨기

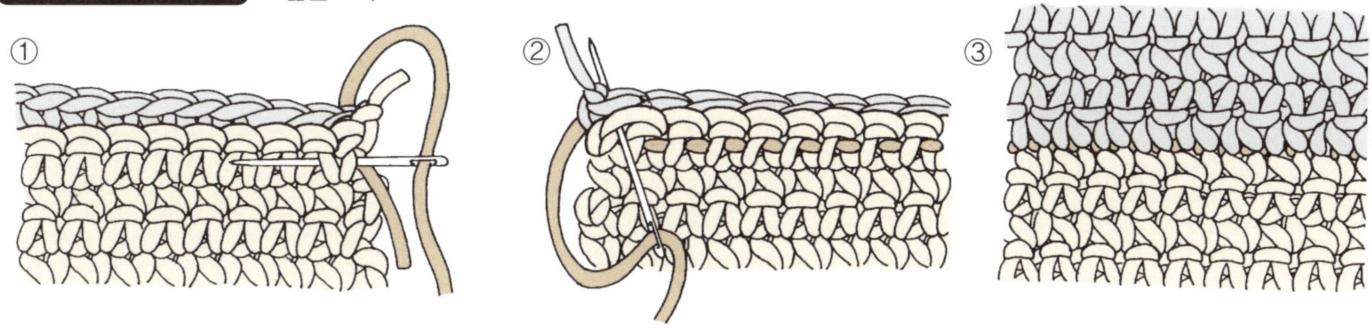

① ② ③

빼뜨기로 잇기 코바늘을 사용하여 뜨개코 위 사슬코를 반코 또는 1코를 주워 빼뜨기로 잇습니다. 1길긴뜨기 외에 짧은뜨기, 긴뜨기 등에도 응용할 수 있습니다.

안면 맞대고 사슬 1코 줍기 1길긴뜨기

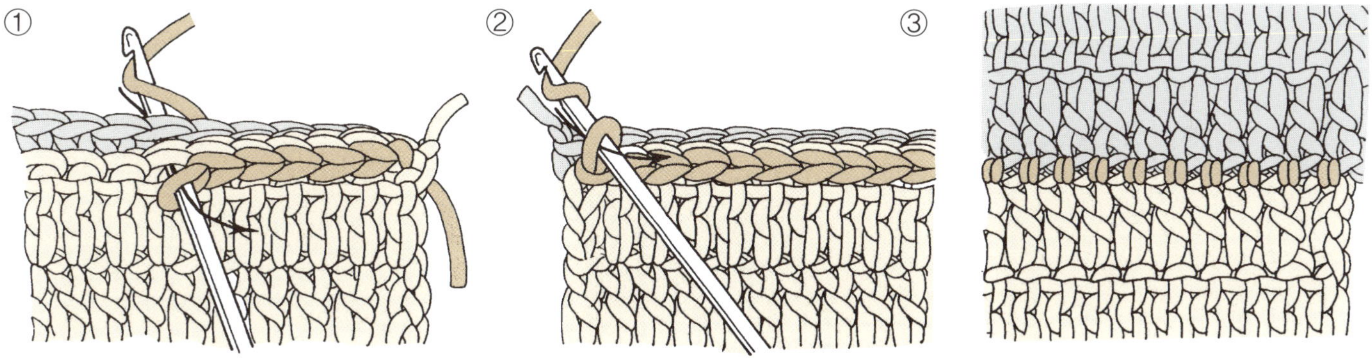

① ② ③

안면 맞대고 사슬 반코 줍기 1길긴뜨기

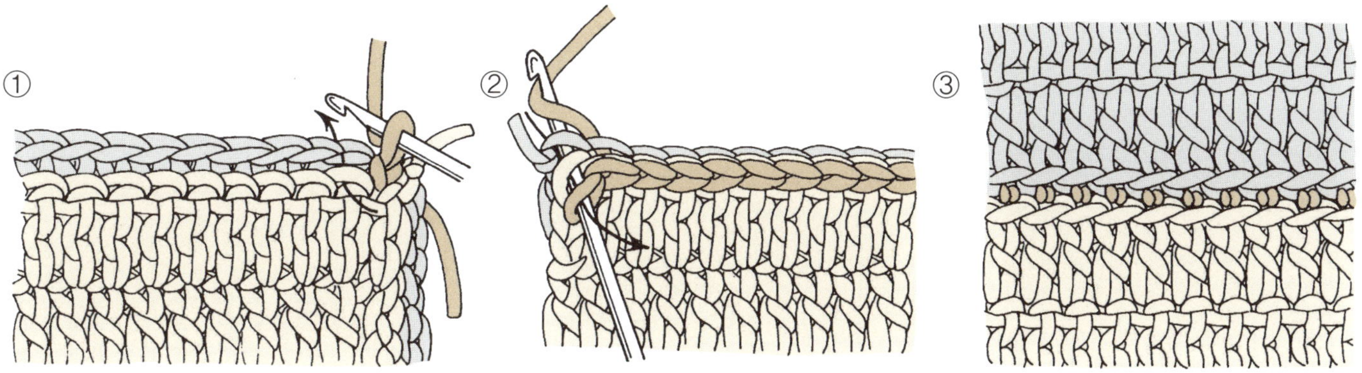

① ② ③

| **반박음질 잇기** | 돗바늘로 뜨개코를 갈라 반코씩 박음질을 합니다. 짧은뜨기 외에 1길긴뜨기에도 응용할 수 있습니다. |

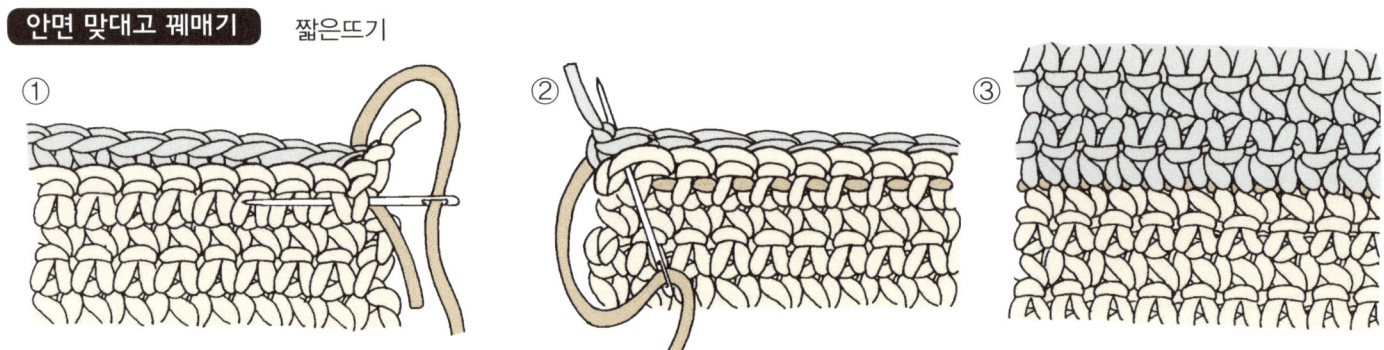

| **빼뜨기로 잇기** | 코바늘을 사용하여 뜨개코 위 사슬코를 반코 또는 1코를 주워 잇습니다. 1길긴뜨기 외에 짧은뜨기, 긴뜨기 등에도 응용할 수 있습니다. |

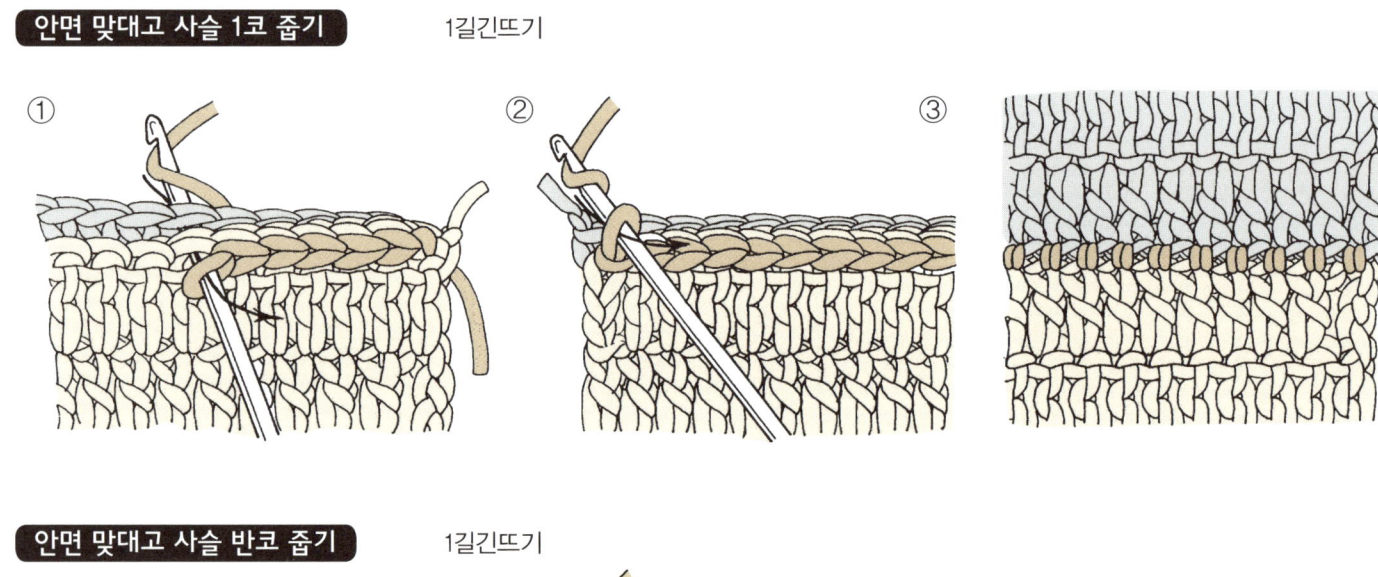

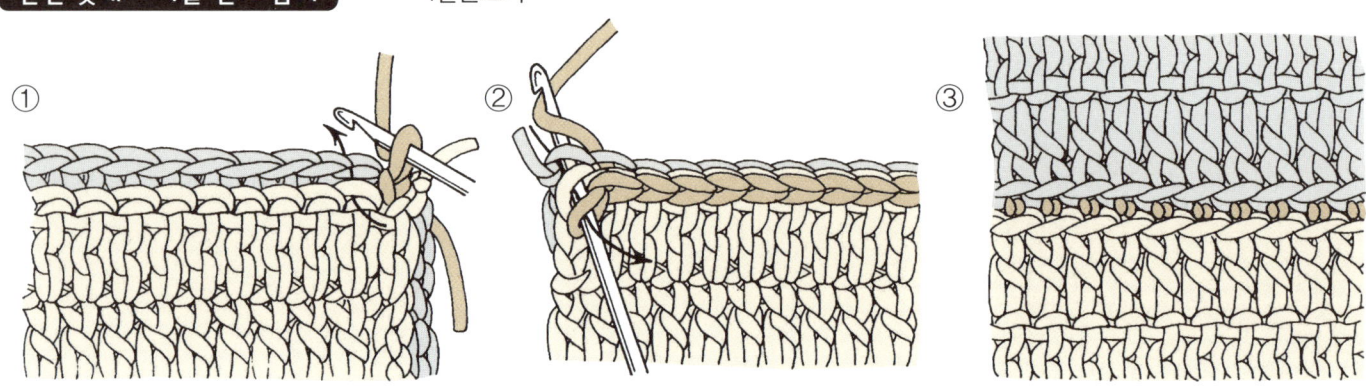

짧은뜨기로 잇기

코바늘을 사용하여 뜨개코 위 사슬코를 반코 또는 1코를 주워 짧은뜨기를 합니다. 1길긴뜨기 외에 짧은뜨기, 긴뜨기 등에도 응용할 수 있습니다.

안면 맞대고 사슬 반코 줍기   1길긴뜨기

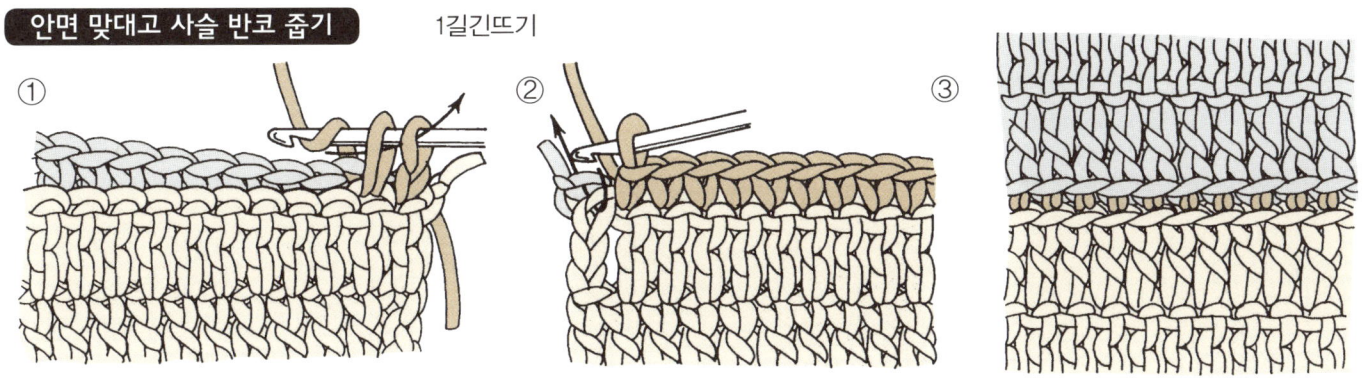

사슬뜨기와 빼뜨기로 잇기

코바늘을 사용하여 사슬뜨기를 주워 빼뜨기를 합니다. 빼뜨기와 빼뜨기 사이가 울지 않도록 사슬뜨기로 조절합니다. 구멍 무늬 등에 응용할 수 있습니다.

안면 맞대고 사슬을 다발로 줍기   그물뜨기

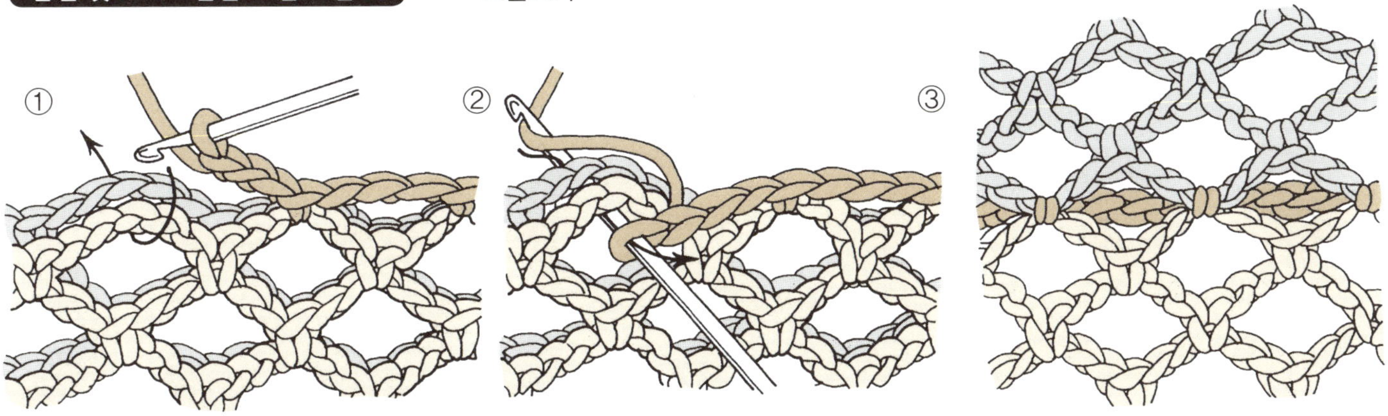

안면 맞대고 사슬을 갈라서 줍기   그물뜨기

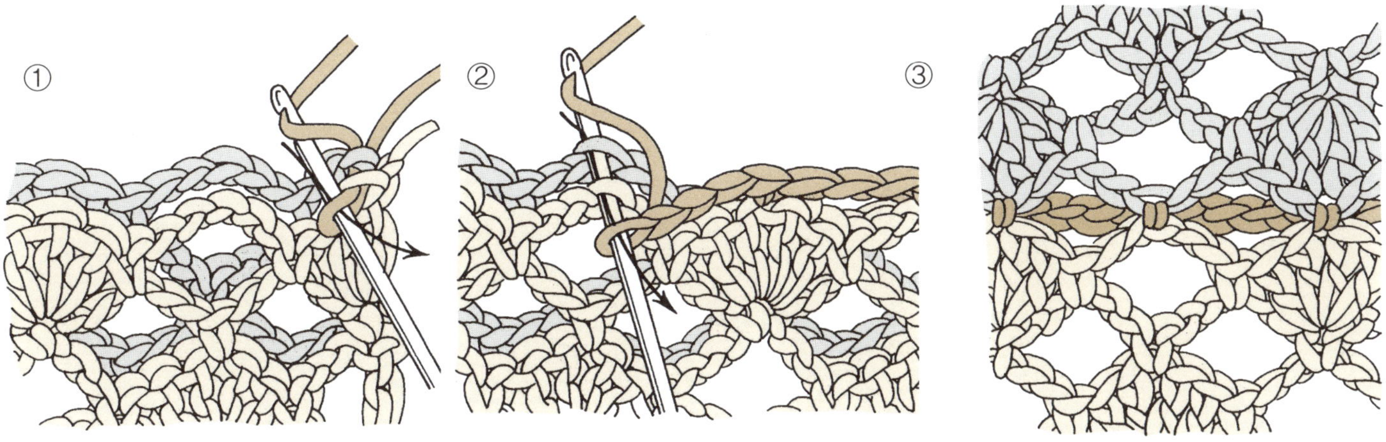

편물 꿰매기

편물의 단과 단을 연결하는 것을 '꿰매기'라고 합니다. 일반적으로 사용하는 몇 가지 방법을 알아보겠습니다.

박음질로 꿰매기

돗바늘로 끝코를 갈라 반코 안으로 들어와 박음질을 합니다. 긴뜨기에도 응용할 수 있습니다.

안면을 맞대 1단씩 박음질

짧은뜨기

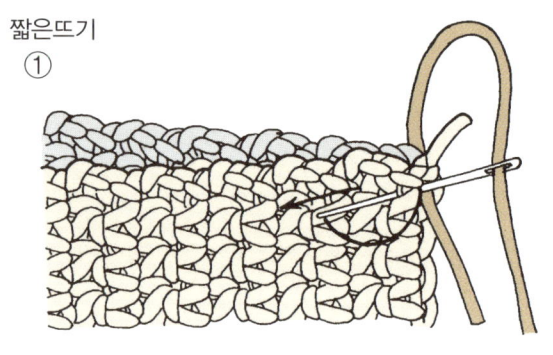

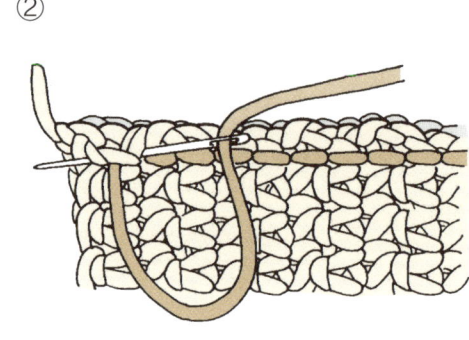

1길긴뜨기

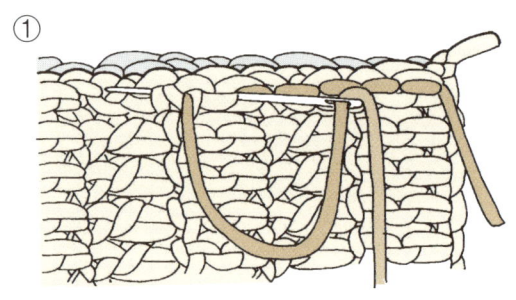

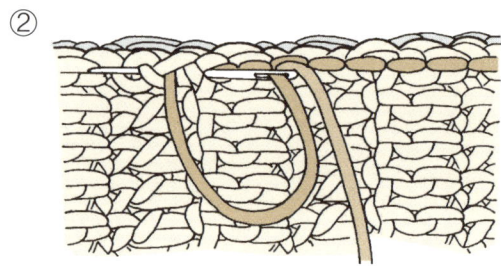

ㄷ자 꿰매기

편물의 왼쪽과 오른쪽을 맞댄 상태에서 돗바늘을 사용하여 앞에서 건너편으로, 건너편에서 앞으로 뜨개코의 실을 1가닥씩 주워서 꿰맵니다. 1길긴뜨기 외에 짧은뜨기에도 응용할 수 있습니다.

안 보고 줍기   1길긴뜨기

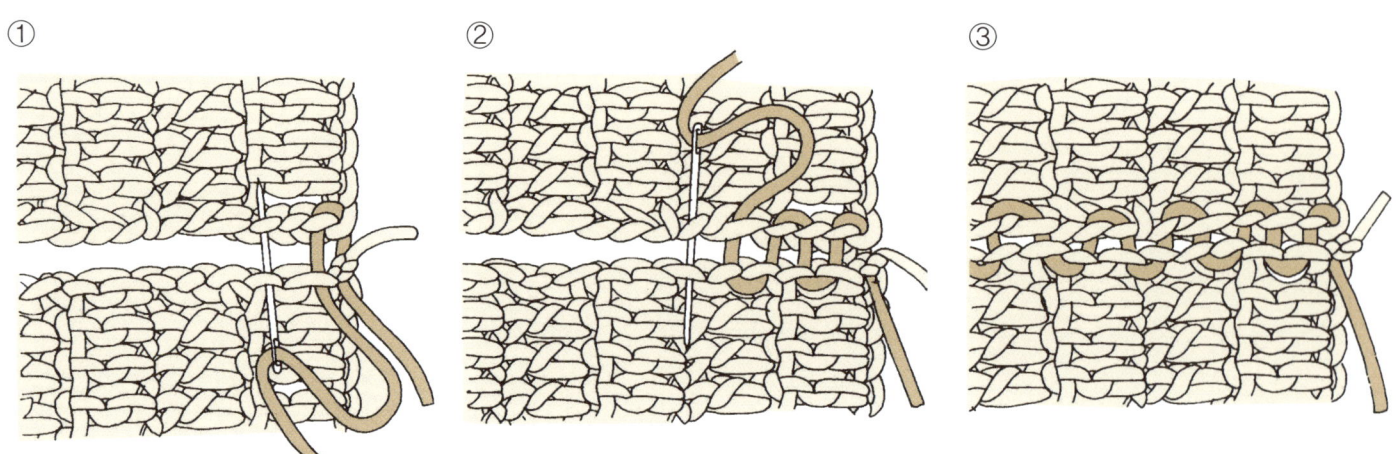

떠서 꿰매기

돗바늘로 편물 단의 경계나 코의 뒤쪽을 교대로 줍거나 같은 곳에 바늘을 2번 넣어서 조입니다.
1길긴뜨기, 짧은뜨기 외에 긴뜨기에도 응용할 수 있습니다.

겉 보고 줍기 1길긴뜨기

안 보고 줍기 1길긴뜨기

겉 보고 줍기 짧은뜨기

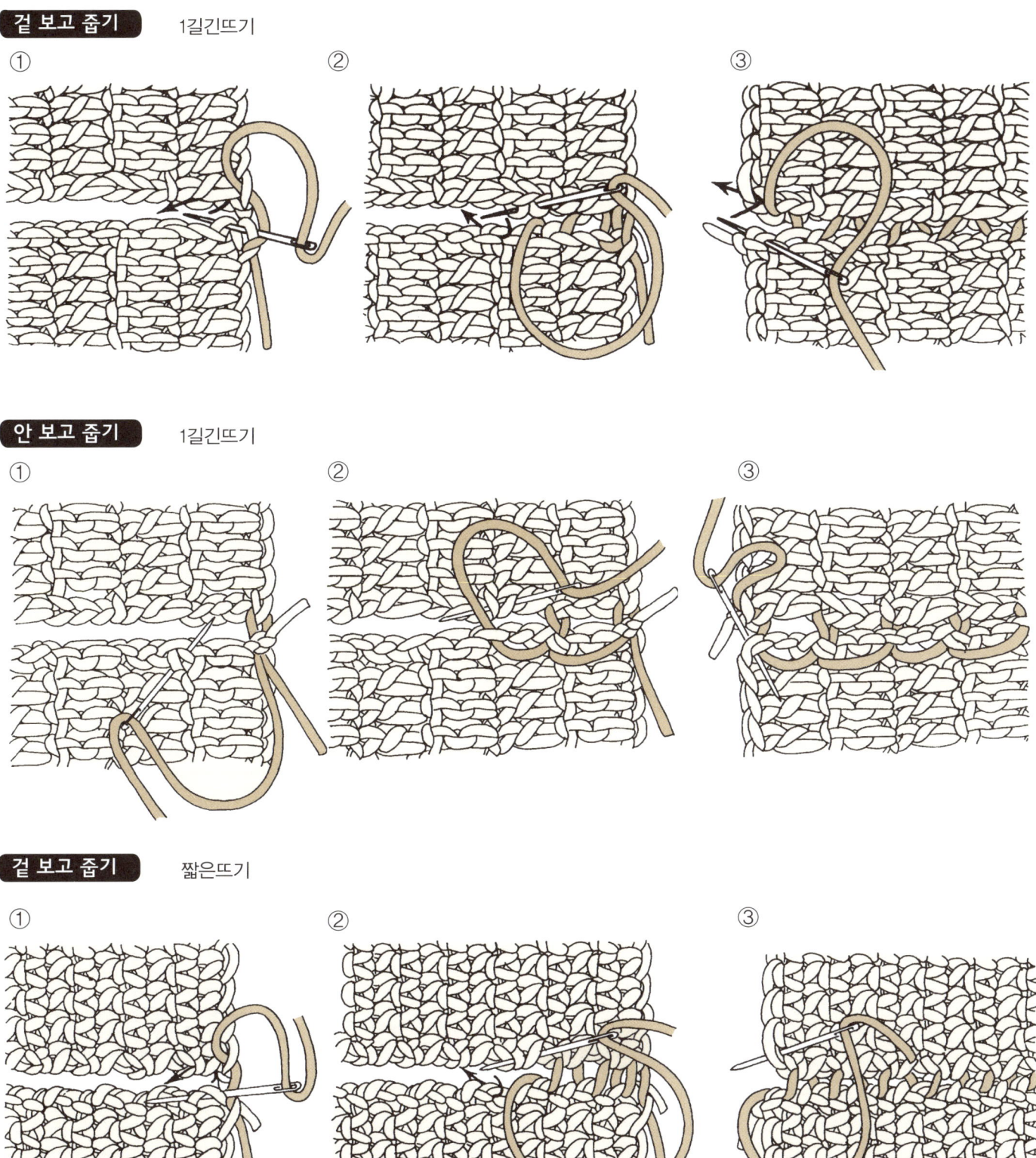

감아 매듭지어 꿰매기
1길긴뜨기 외에 긴뜨기와 짧은뜨기에도 응용할 수 있습니다.

안면 맞대고 줍기　1길긴뜨기

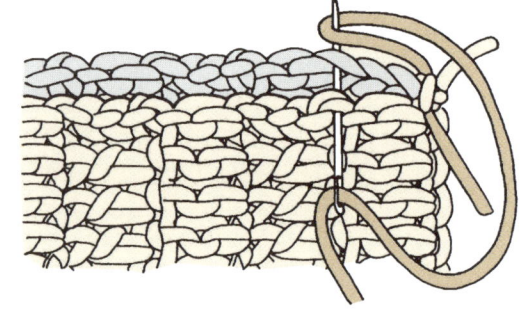

안 보고 줍기　1길긴뜨기

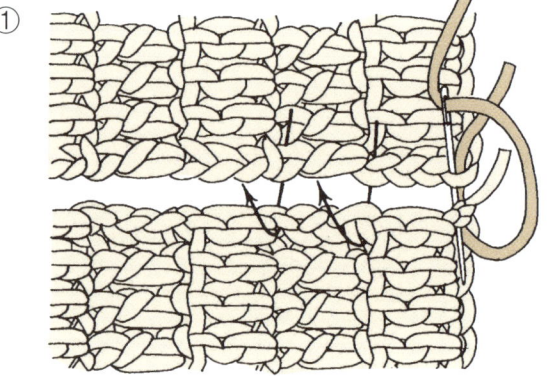
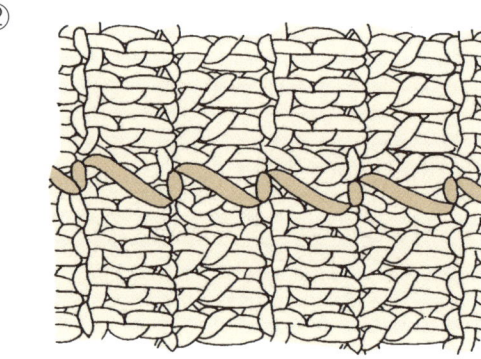

짧은뜨기로 꿰매기
코바늘로 각 편물의 1코 안쪽을 주워 짧은뜨기를 합니다. 꿰맨 짧은뜨기를 장식으로 할 때는 겉면을 맞대고 꿰맵니다. 짧은뜨기 외에 긴뜨기, 1길긴뜨기에도 응용할 수 있습니다.

안면 맞대고 줍기　짧은뜨기

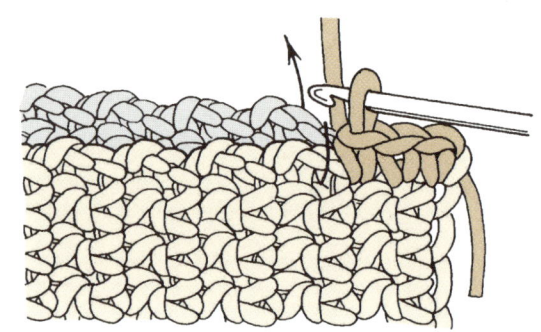
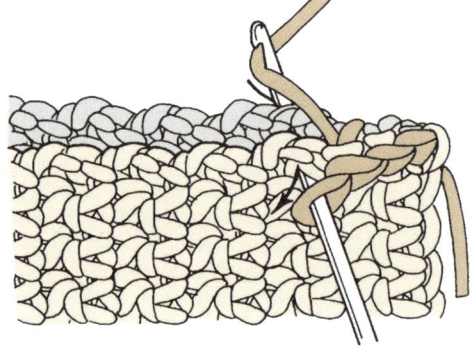

빼뜨기로 꿰매기

편물의 반코 안쪽이나 1코 안쪽에 코바늘을 넣어 2장을 한꺼번에 빼뜨기로 뜹니다. 짧은뜨기 외에 긴뜨기, 1길긴뜨기에도 응용할 수 있습니다.

안면 맞대고 줍기

①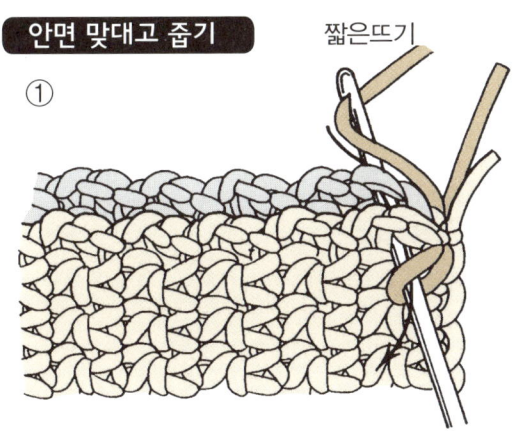

②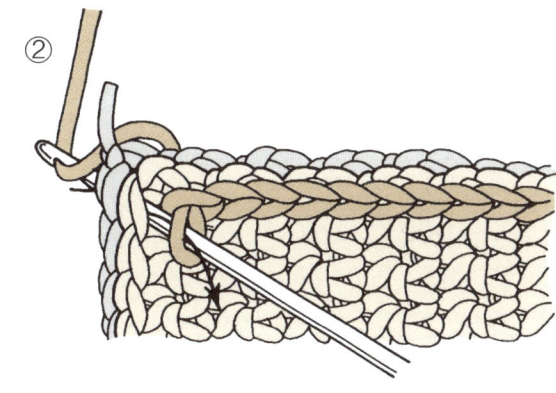

사슬뜨기와 빼뜨기로 꿰매기

코바늘로 각 편물 단의 경계를 같이 주워서 빼뜨기를 합니다. 짧은뜨기와 짧은뜨기의 사이가 울지 않도록 사슬뜨기로 조절합니다. 구멍 무늬 등에도 응용할 수 있습니다.

안면 맞대고 뜨기

1길긴뜨기

①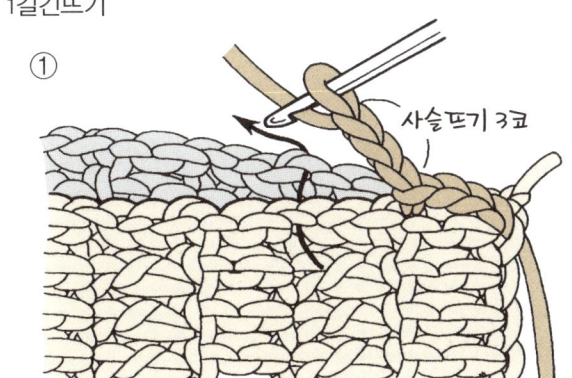

②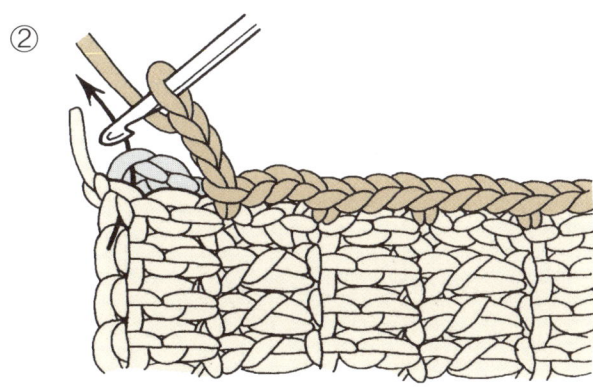

그물뜨기

①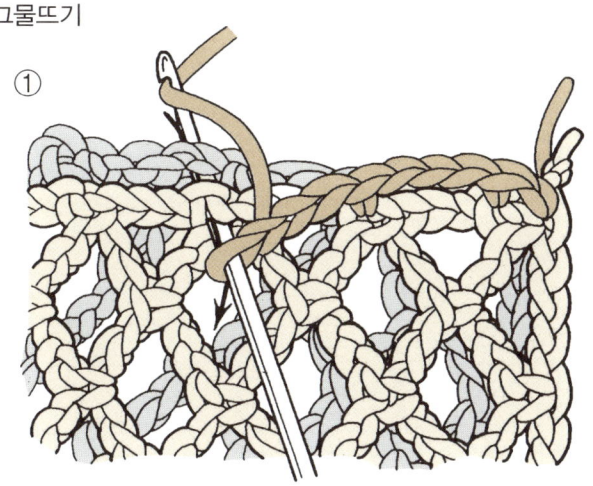

②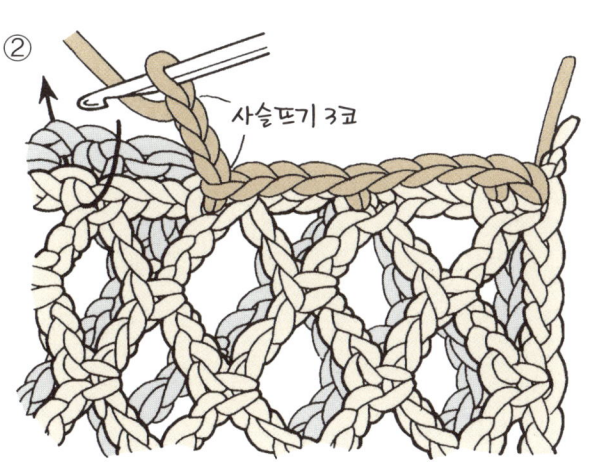

사선이 된 편물 꿰매기

편물의 끝이 늘임코나 줄임코로 사선이 된 경우에는 다음과 같은 방법으로 꿰매면 됩니다.

늘임코 사선일 경우 떠서 꿰매기

겉 보고 줍기

짧은뜨기

①

②

1길긴뜨기

①

②

줄임코 사선일 경우 떠서 꿰매기

겉 보고 줍기

짧은뜨기

①

②

1길긴뜨기

①

②

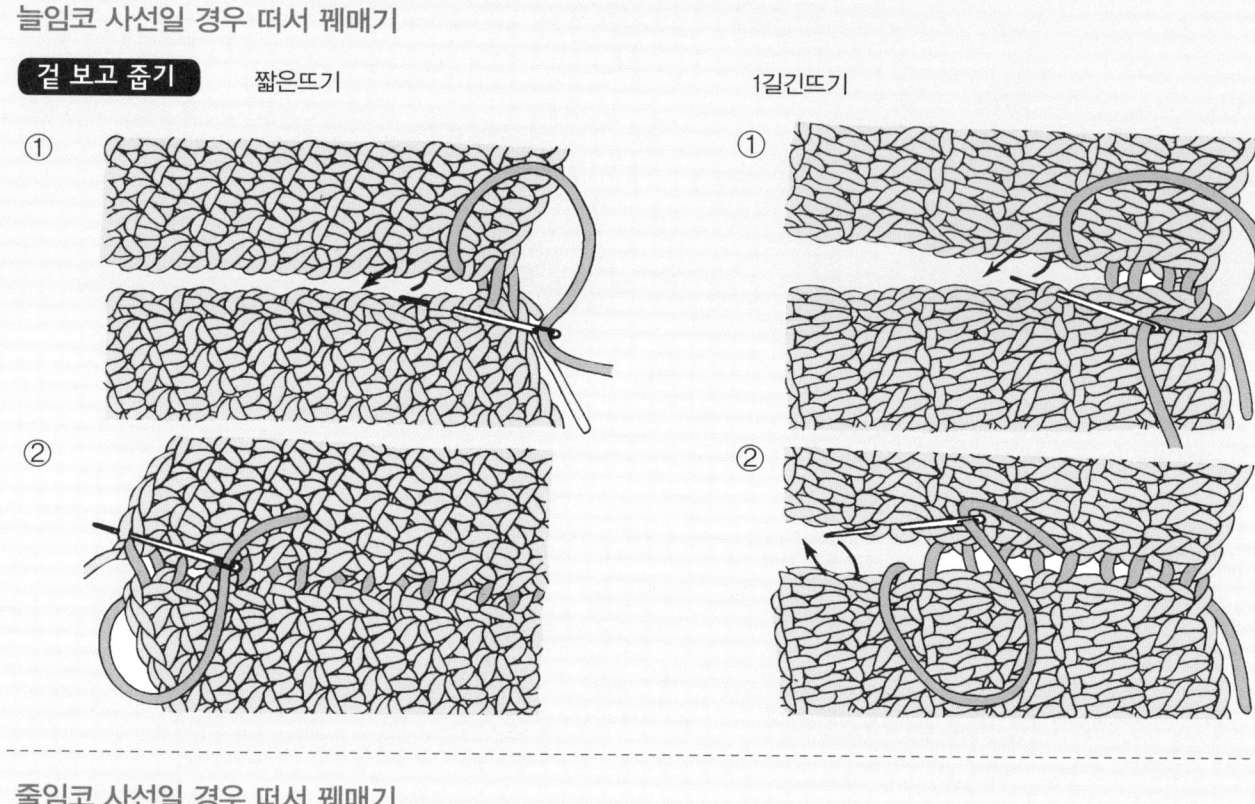

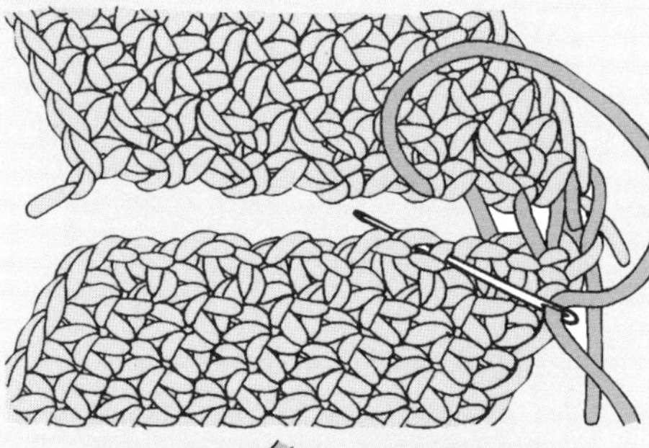

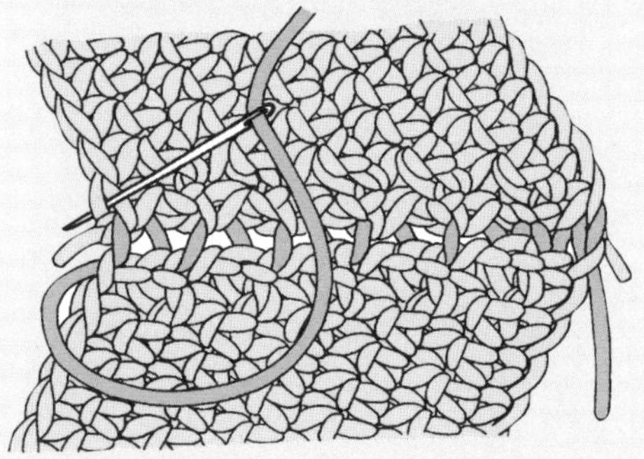

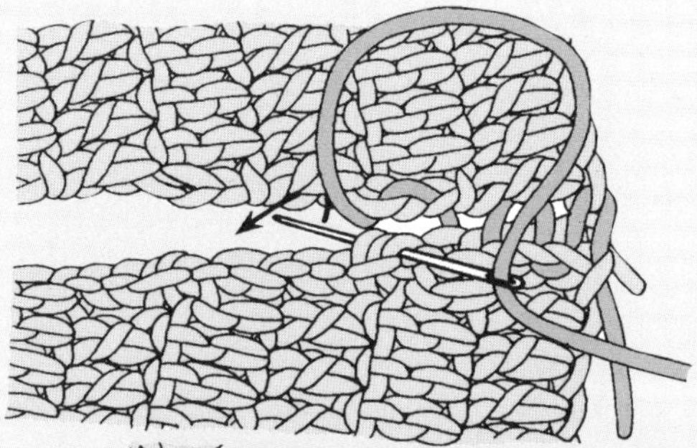

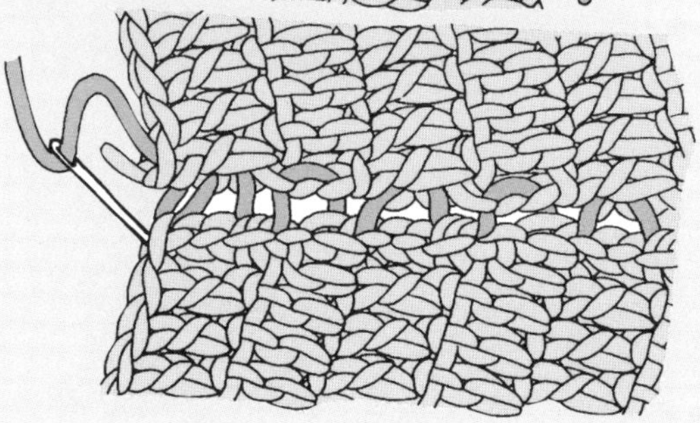

배색실 바꾸기

짧은뜨기나 1길긴뜨기 같은 단순한 방법으로 뜬 편물도 배색만 잘하면 색다른 작품처럼 만들 수 있습니다. 뜨개코를 망가뜨리지 않으면서 깔끔하게 가로무늬를 만들 수 있게 실을 바꾸는 방법을 알아보겠습니다.

편물의 끝에서 실 바꾸기

실 끝을 묶지 않고 바꾸기 바탕실(뜨고 있던 실)의 끝과 배색실(새로운 실)의 끝을 묶지 않고 배색실로 미완성의 코를 뜹니다. 다 뜨고 난 후 실 끝을 교차하여 편물 안을 감춰서 정리합니다.

평뜨기(짧은뜨기)

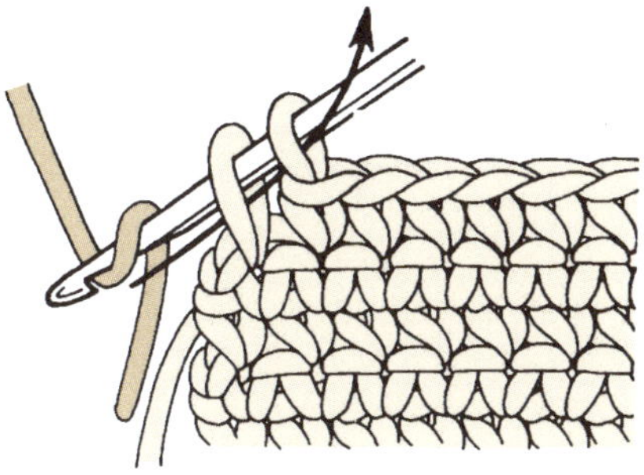

환편뜨기(짧은뜨기)

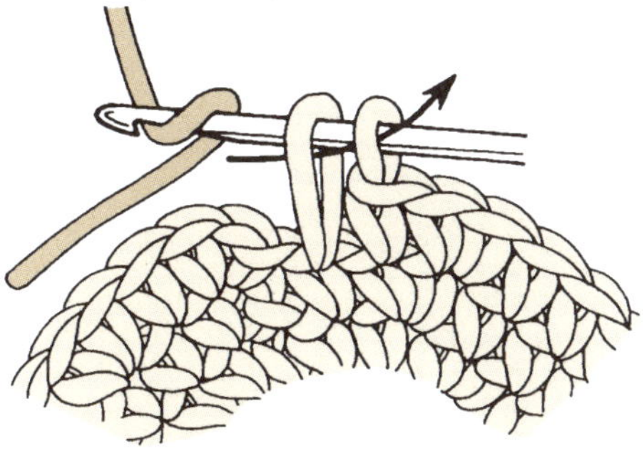

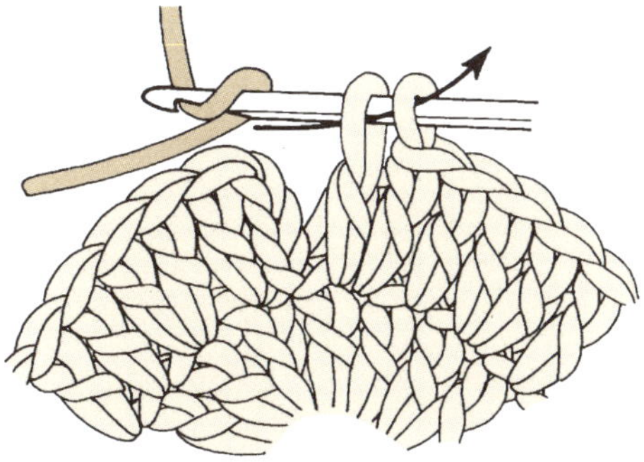

실 끝 정리

평뜨기(짧은뜨기)

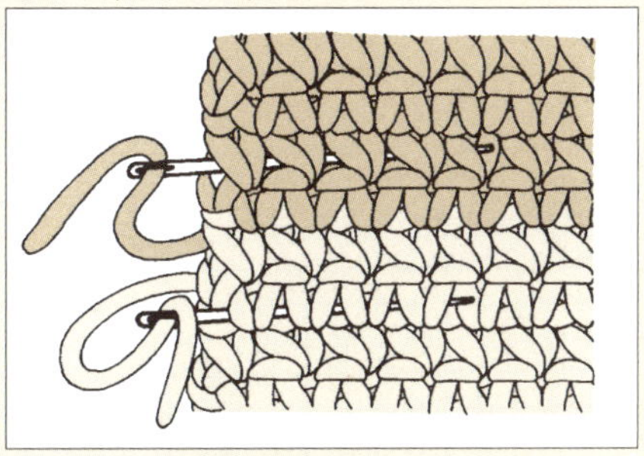

평뜨기(1길긴뜨기)

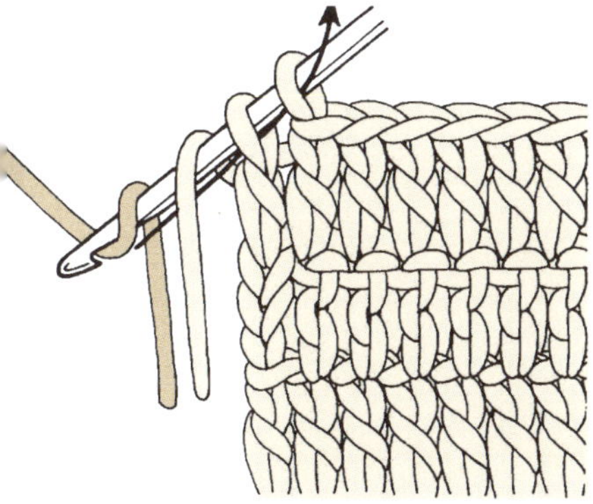

환편뜨기(1길긴뜨기)

평뜨기(1길긴뜨기)

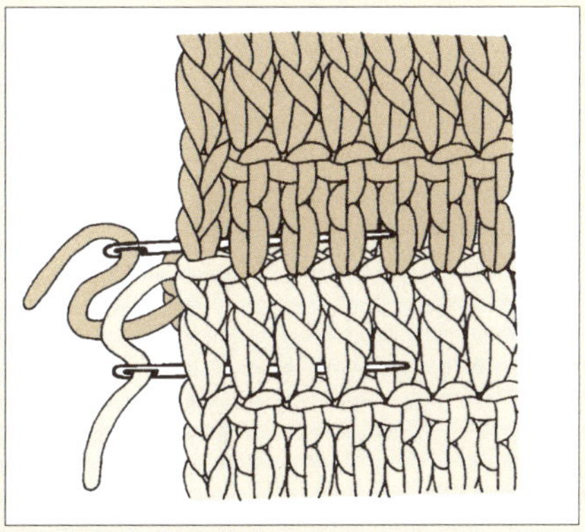

실 끝을 묶고 바꾸기 바탕실의 끝과 배색실의 끝을 묶은 후 배색실로 미완성의 코를 뜹니다. 실 끝은 나중에 편물 안으로 감춰 정리합니다.

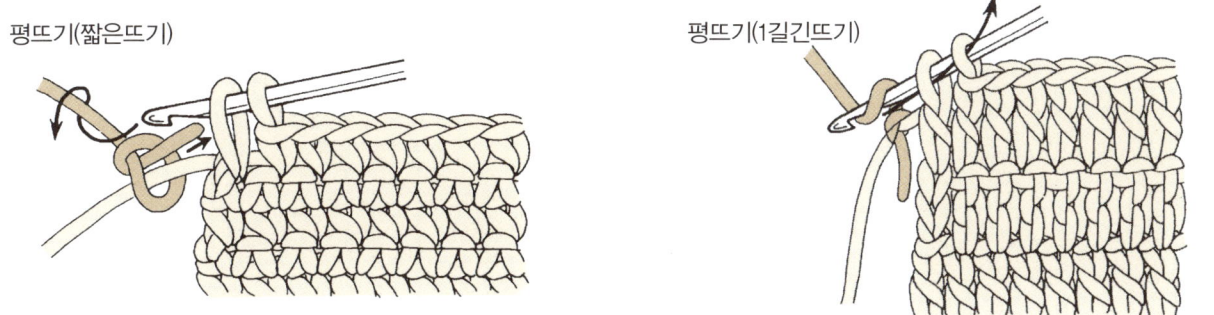

평뜨기(짧은뜨기)

평뜨기(1길긴뜨기)

실을 걸쳐 바꾸기

바탕실을 자르지 않고 쉬게 두고, 배색실로 미완성의 코를 뜹니다. 나중에 쉬고 있던 바탕실로 뜰 때에는 단의 높이에 맞게 실을 걸쳐서 뜹니다.

평뜨기(짧은뜨기)
① ② ③

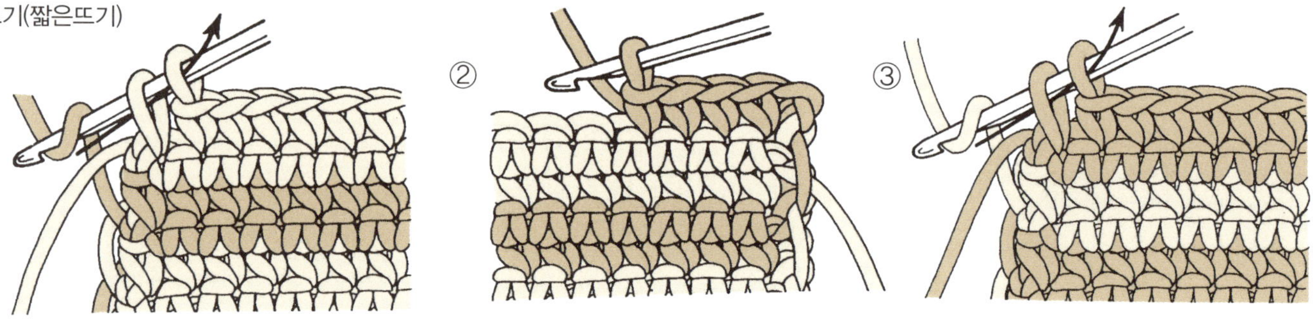

평뜨기(1길긴뜨기)
① ② ③

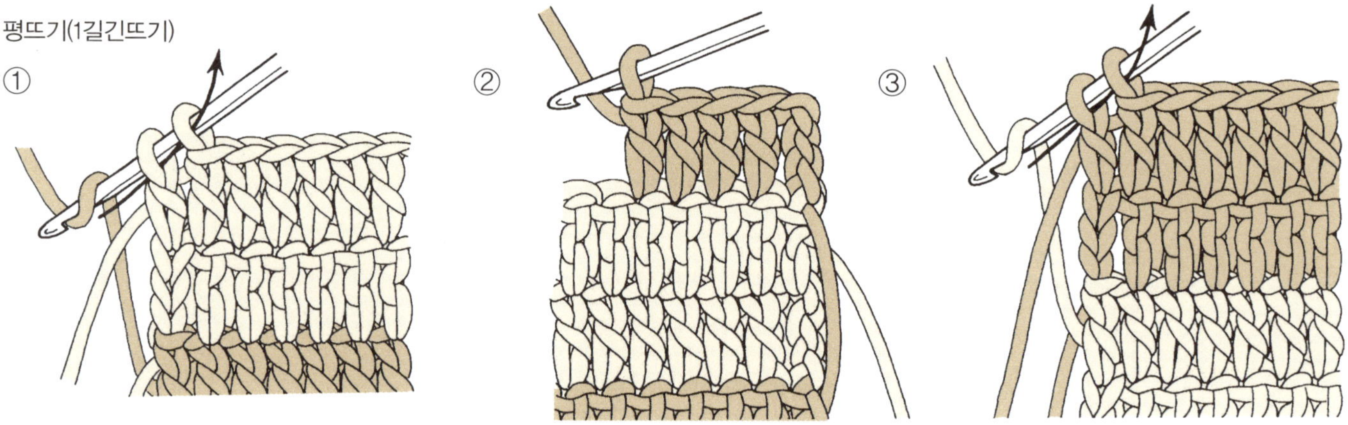

편물의 중간에서 실 바꾸기

실 끝을 묶지 않고 바꾸기

1단의 가운데에서 실을 바꾸기 바로 전인 미완성의 코를 배색실로 뜬 후 그대로 뜹니다.

평뜨기(짧은뜨기)
① ②

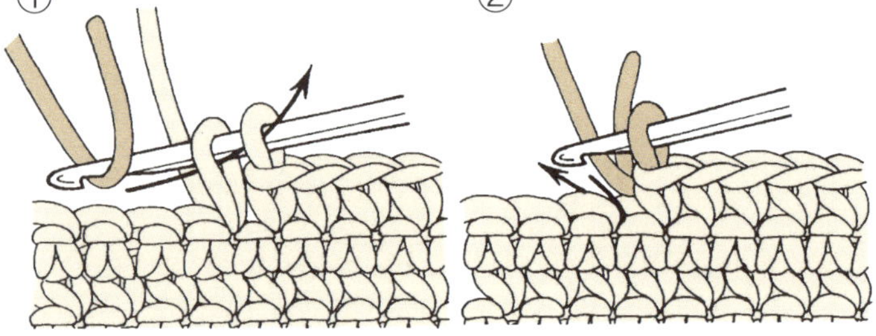

평뜨기(1길긴뜨기)
① ②

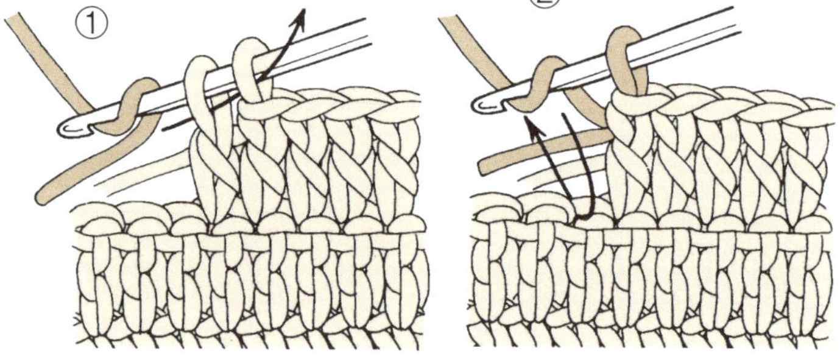

실 끝을 묶고 바꾸기

배색실의 끝을 묶은 후 실을 바꾸기 바로 전인 미완성의 코를 배색실로 뜬 후 그대로 뜹니다.

평뜨기(짧은뜨기)

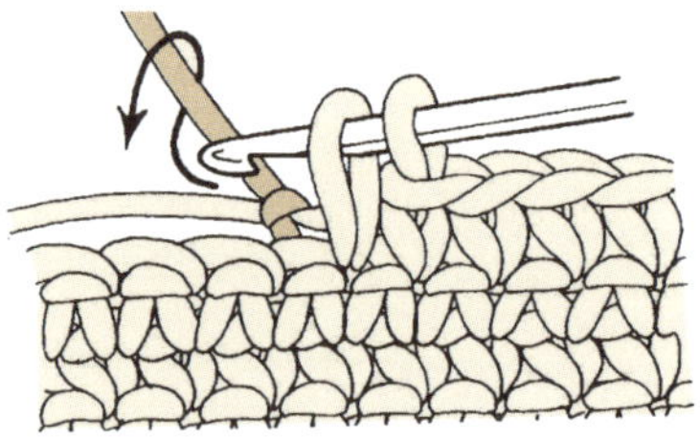

평뜨기(1길긴뜨기)

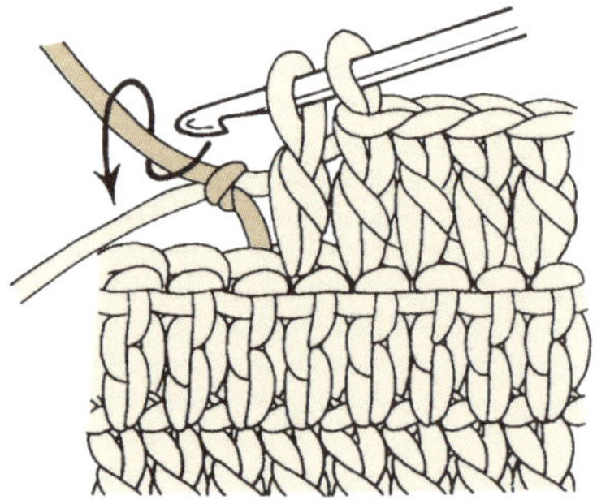

배색 무늬뜨기

짧은뜨기나 1길긴뜨기 등 단순한 방법으로 뜬 편물에 배색실로 무늬를 넣으면 훨씬 보기 좋은 작품이 됩니다.
배색실을 사용하여 무늬를 넣는 방법을 알아보겠습니다.

뜨개실을 겉으로 걸쳐서 뜨기

사슬뜨기의 시작코에서 실 바꾸기

바탕실을 자르지 않고 쉬게 두고 배색실을 걸어서 뜹니다. 이때 바탕실은 앞에 놓습니다. 다시 바탕실로 뜰 때에는 배색실로 뜬 사슬 길이에 맞게 실을 걸칩니다.

시작코의 사슬뜨기

①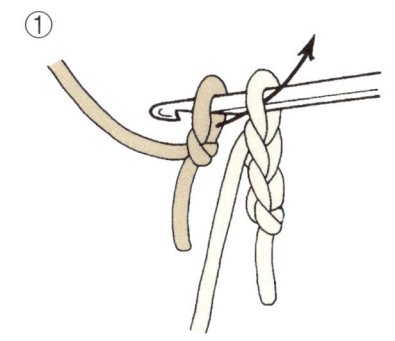

②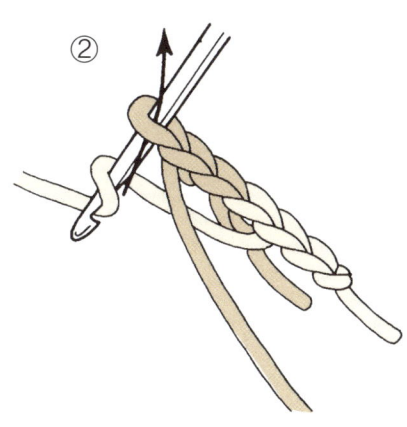

③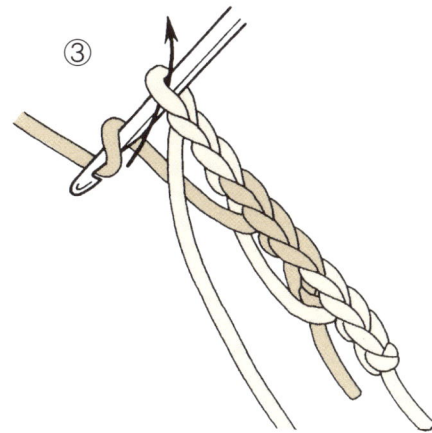

편물의 안면에서 실 걸치기

편물의 겉면을 보고 뜰 때에는 쉬게 할 실을 건너편(편물의 뒤쪽)에 두고, 안면을 보고 뜰 때에는 앞쪽에 둡니다. 걸칠 실은 콧수의 폭에 맞게 울지 않도록 걸칩니다.

편물의 겉면(짧은뜨기)

①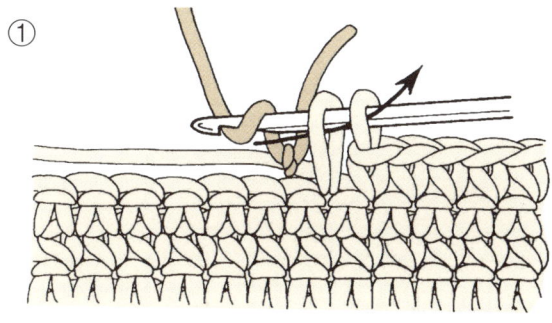

②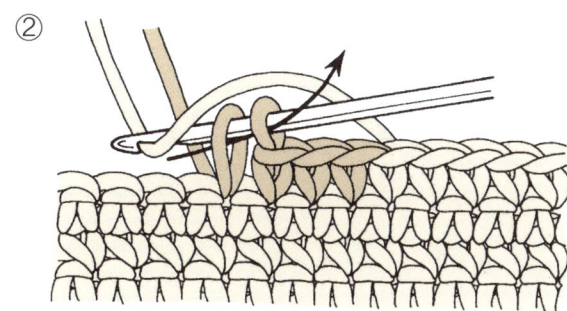

편물의 안면(짧은뜨기)

③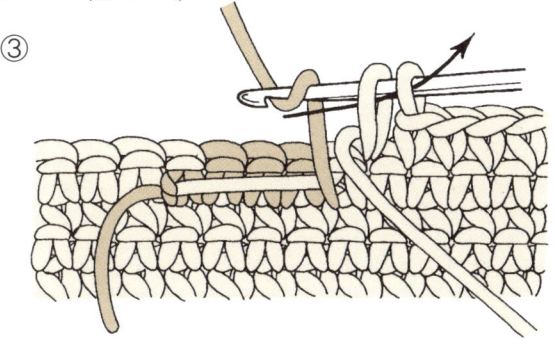

④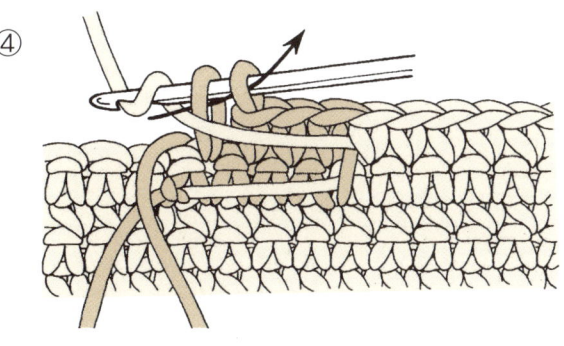

걸칠 실을 편물 안에 넣어서 뜨기

걸칠 실이 편물의 겉에 보이지 않도록 뜨개 조직 사이에 숨겨서 뜨는 방법입니다. 쉽게 둘 실을 같은 단에 숨기거나 아랫단에서 걸친 실을 숨기는 방법이 있습니다.

같은 단에서 숨기기 짧은뜨기

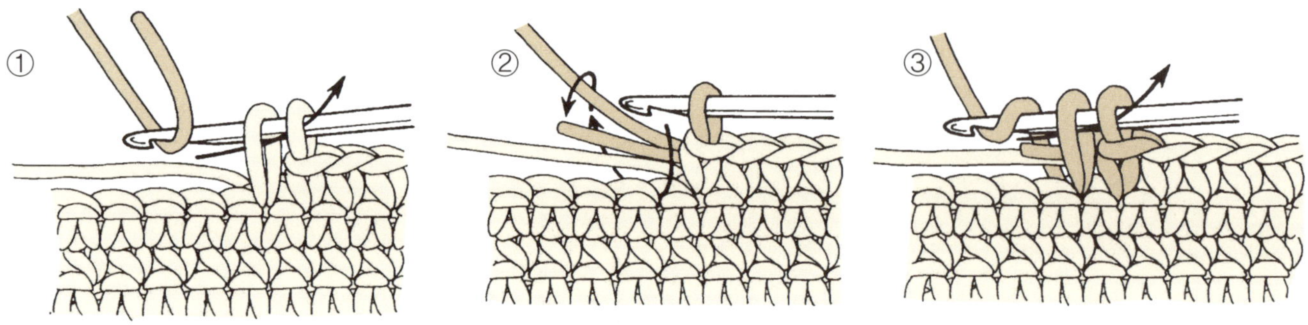

① ② ③

아랫단의 실 숨기기 1길긴뜨기

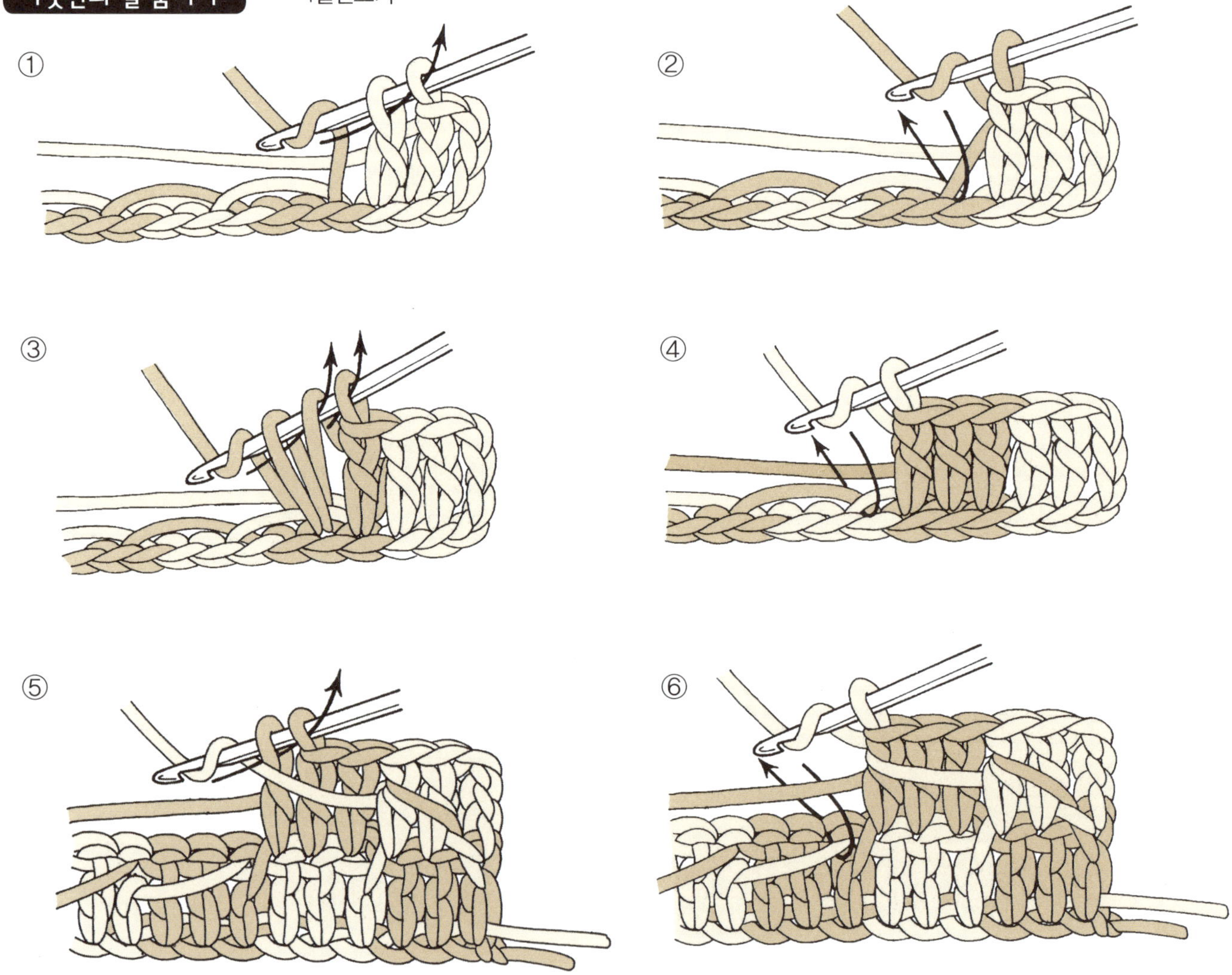

① ② ③ ④ ⑤ ⑥

실을 교차시켜 뜨기

편물의 안쪽에서 떠오던 실과 쉬게 두었던 실을 교차시켜 뜹니다. 실을 바꿀 때 교차시키므로 1단의 안에서 바뀔 횟수만큼 실타래를 만들어 둡니다. 이렇게 하면 실을 걸치지 않고 깔끔하게 뜰 수 있습니다. 세로무늬에 사용하면 적당한 방법입니다.

세로무늬

짧은뜨기

① ② 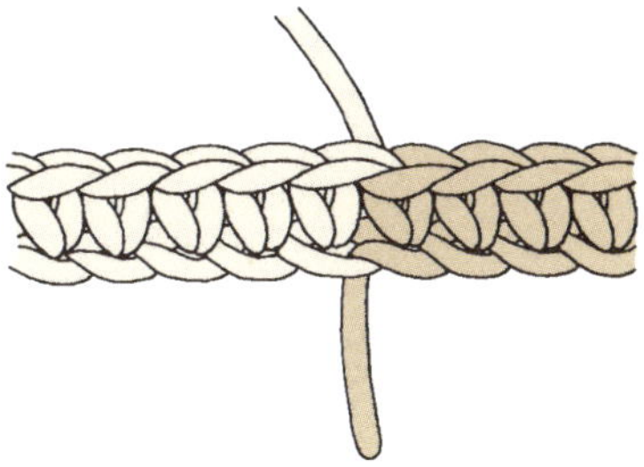 ③

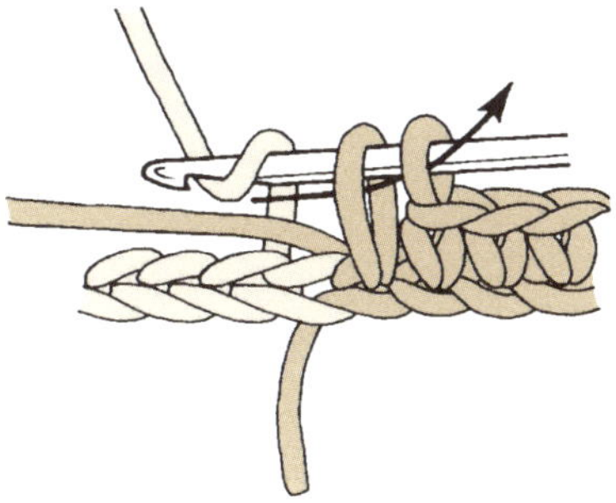

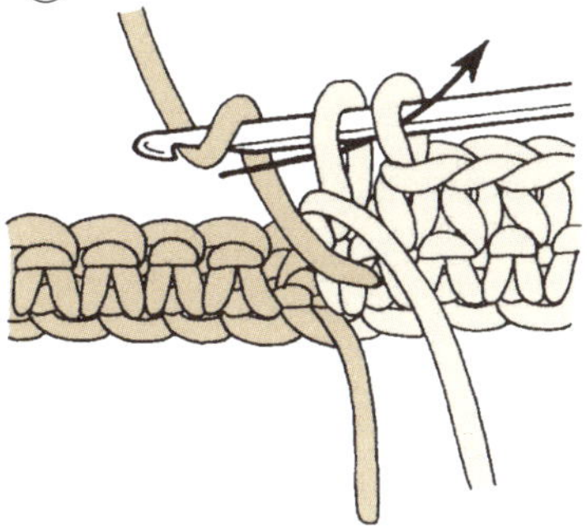

④ 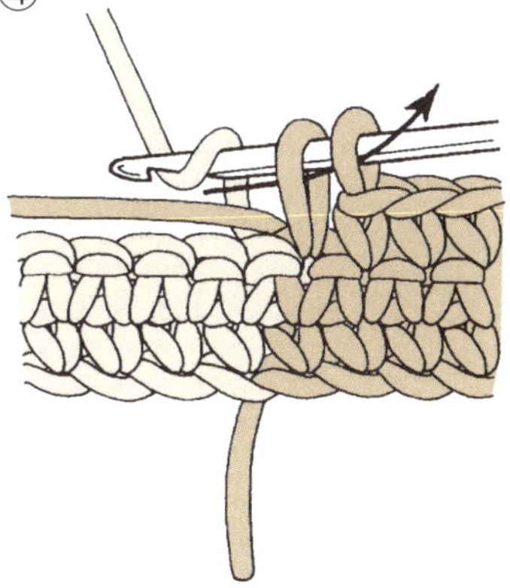 ⑤ 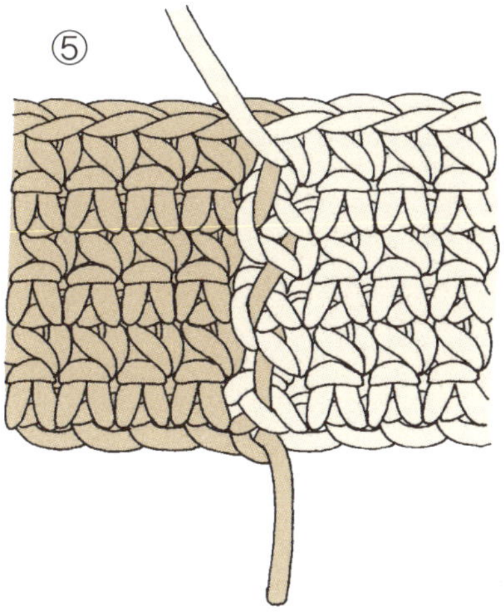 ⑥

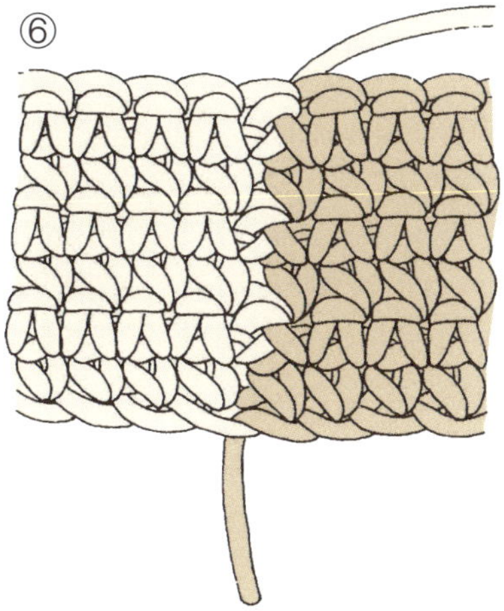

1길긴뜨기

① ②

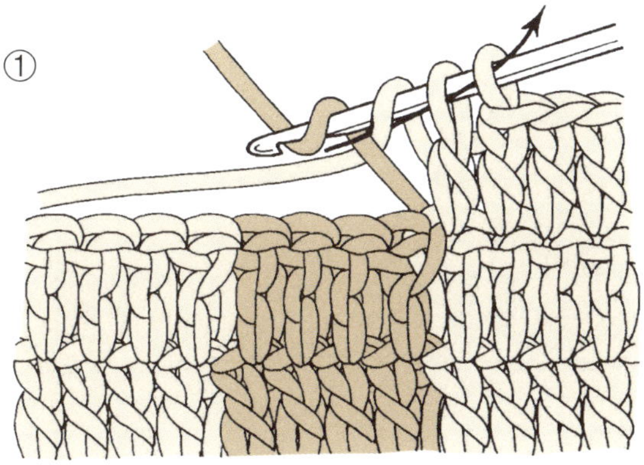

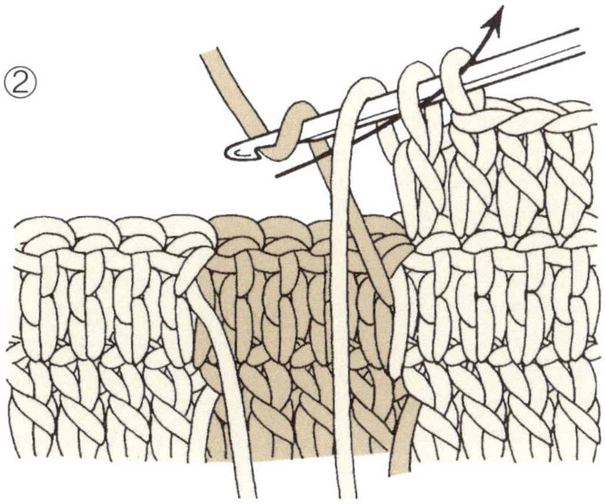

모티브 뜨기

모티브 뜨기는 같은 방법으로 뜬 편물을 여러 장 연결해서 작품을 완성하는 뜨개방법입니다. 모티브 모양은 원형이나 삼각형, 사각형, 육각형, 팔각형 등 여러 가지가 있습니다. 같은 모티브여도 나열하는 방법에 따라서 작품의 표정이 변합니다. 모티브는 가운데에서 바깥쪽으로 넓혀가는 것이 일반적이지만, 한쪽 면이 모서리부터 뜨는 방법도 있습니다.

여러 가지 모티브 뜨기

가운데부터 뜨기 시작하여 방사형으로 뜨는 모티브는 바깥쪽이 울지 않도록 주의해야 합니다. 원형은 각 단의 원둘레에, 삼각형, 사각형, 육각형 등 모서리가 생기는 경우에는 모서리에서 코를 늘려 뜨고, 가끔씩 평평한 곳에 두고 바깥쪽이 울지 않았는지 확인해야 합니다. 모티브를 연결할 때는 모서리가 모인 곳이 울지 않게 사슬뜨기의 콧수를 조절하면서 떠야 합니다.

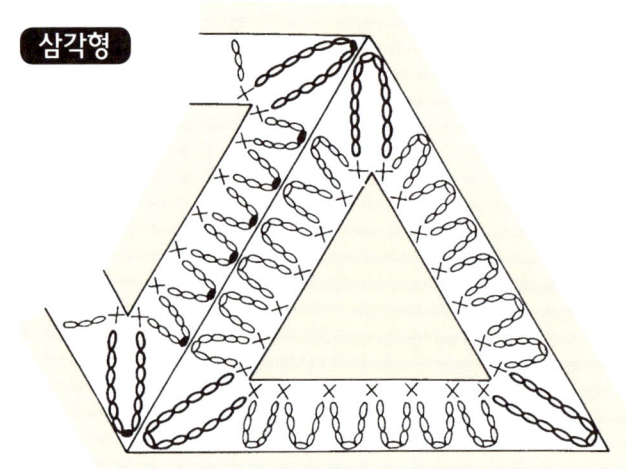
삼각형

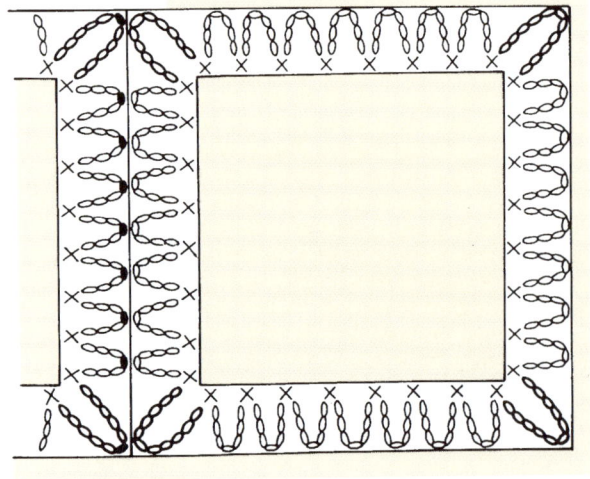
사각형

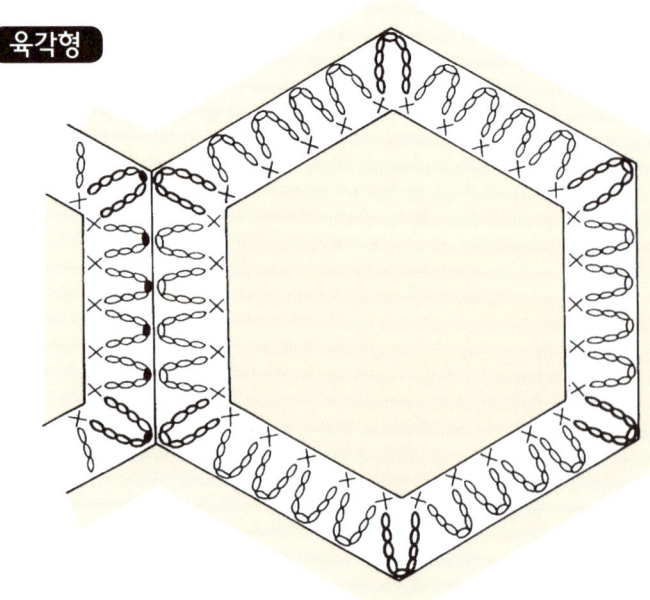
육각형

모티브 나열하기

모티브를 연결할 때 모티브와 모티브 사이에 공간이 생기거나 틈이 생기지 않게 나열해야 합니다. 나열을 잘못하면 생각과는 다른 모양의 모티브처럼 보이기도 합니다. 물론 빈 공간에 새로운 모티브를 넣는 방법도 있습니다. 같은 모티브라도 나열한 방법에 따라 전혀 다른 모티브로 보이는 것이 모티브 뜨기의 재미라고 할 수 있습니다. 자주 뜨는 5종류의 모티브로 가장 많이 사용하는 나열법을 알아보겠습니다.

사각형의 가장자리 맞대기

가로세로 빈 틈이 없게 나열합니다. 완성되면 둘레가 곧은 정사각형, 직사각형이 됩니다.

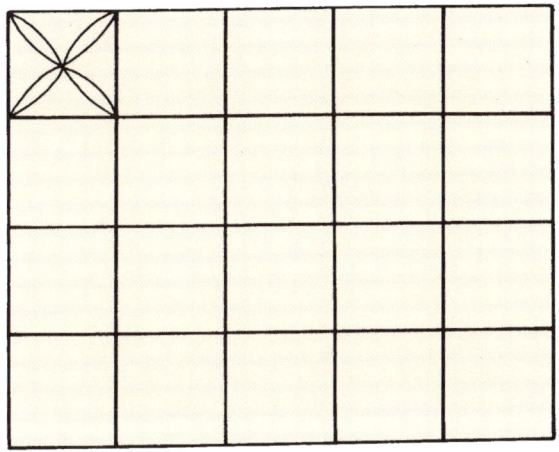

사각형을 사선으로 나열하기

완성되면 둘레가 산 모양의 정사각형, 직사각형이 됩니다.

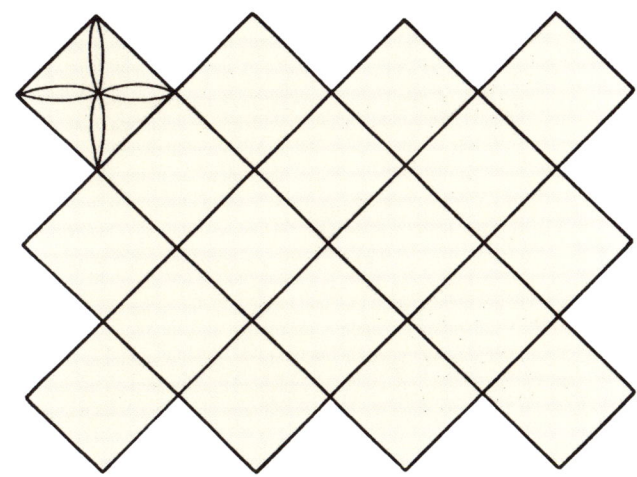

육각형의 가장자리 맞대기

각각의 가장자리를 맞대어 빈 틈이 없게 나열합니다. 가로세로 나열하면 정사각형이 되고, 둘레로 나열하면 육각형이 됩니다.

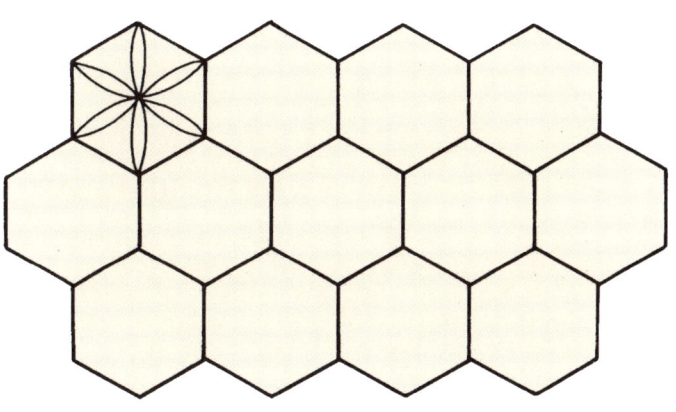

육각형의 모서리 맞대기

각각의 모서리를 맞대 연결합니다. 모티브와 모티브 사이에 정삼각형의 공간이 생깁니다. 완성되면 직사각형이나 육각형이 됩니다.

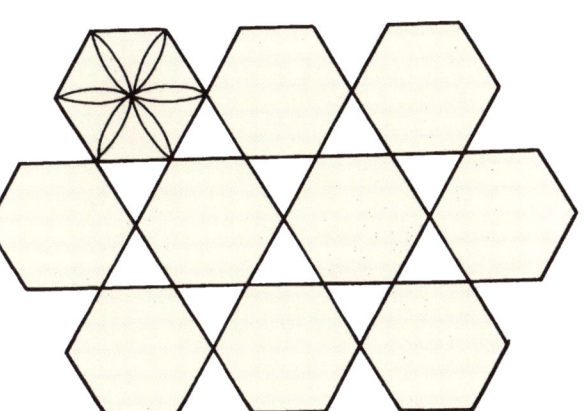

팔각형의 가장자리 맞대기

한 면을 건너뛰고 나열합니다. 모티브 사이에 정사각형 공간이 생깁니다. 완성되면 정사각형이나 직사각형이 됩니다.

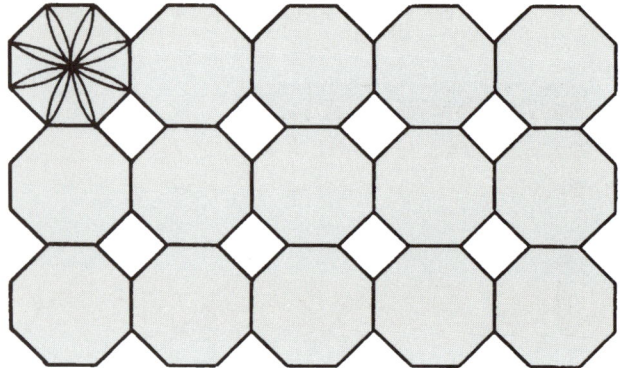

팔각형의 모서리 맞대기

각각의 모서리를 맞대 나열합니다. 모티브 사이에 십자 모양의 공간이 생깁니다. 완성되면 정사각형이나 직사각형이 됩니다.

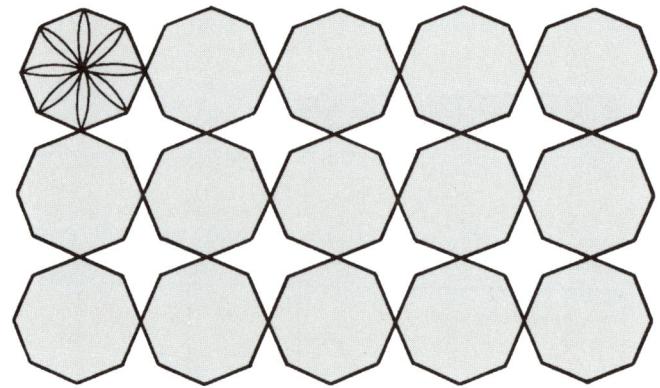

원형을 가로세로로 나열하기

모티브 사이에 모서리가 뾰족한 사각형 공간이 생깁니다. 완성되면 정사각형이나 직사각형이 됩니다.

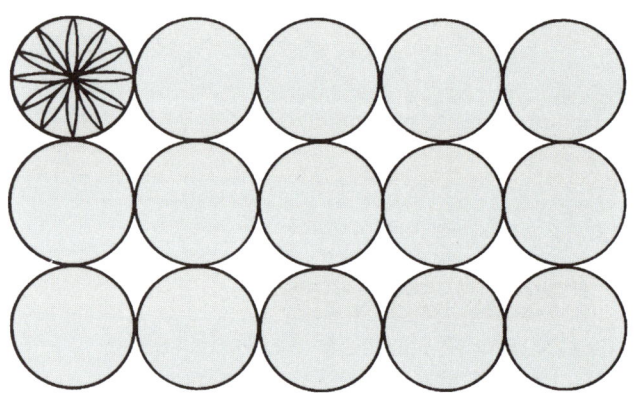

원형을 교대로 나열하기

모티브 사이에 모서리가 뾰족한 삼각형 공간이 생깁니다.

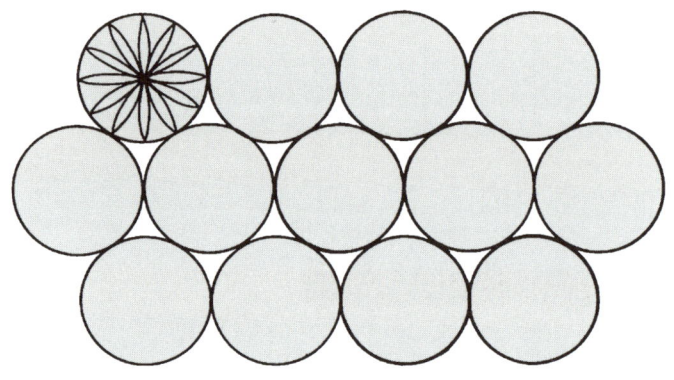

삼각형의 둘레 맞대기

사각형이나 육각형의 나열 방법을 응용해서 각각의 둘레를 맞댑니다. 완성되면 직사각형이나 육각형이 됩니다.

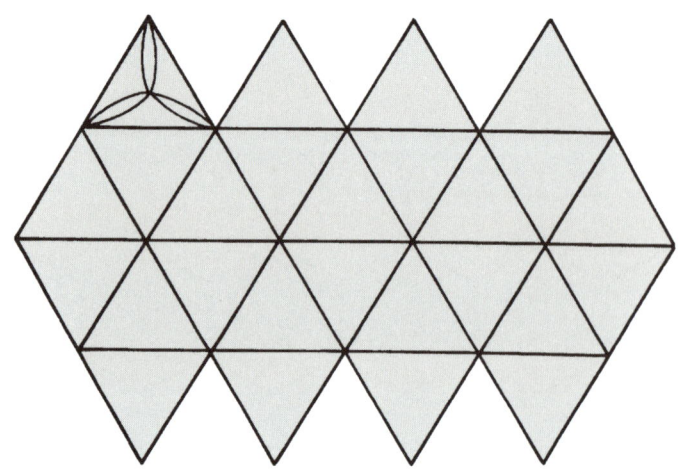

> **모티브 사이 공간 메우기**
>
> 여기서는 가장 많이 사용하는 방법을 알아보았습니다. 모티브 사이에 생기는 작은 공간은 그대로 두어도 좋지만 공간이 너무 크면 작품의 완성도가 떨어져 보일 수 있습니다. 그러니 더 작은 모티브 등을 이용해 공간을 메우는 것이 좋습니다.

모티브 연결하기

모티브를 뜨면서 마지막 단에 연결하거나 완성된 모티브를 여러 개 만들어 놓고 연결하는 방법이 있습니다. 모티브에 맞는 방법을 선택해서 연결하면 됩니다. 모티브 사이의 틈이 너무 크다면 104쪽을 참고하여 공간을 메워보세요.

모티브의 마지막 단 뜨면서 연결하기

빼뜨기로 연결하기(A)

뜨개코에서 바늘을 빼고 다른 모티브의 사슬뜨기를 갈라서 바늘을 넣어 뜹니다. 그물뜨기나 피코뜨기를 연결할 경우에 자주 쓰이며, 연결 코가 평평하게 마무리됩니다.

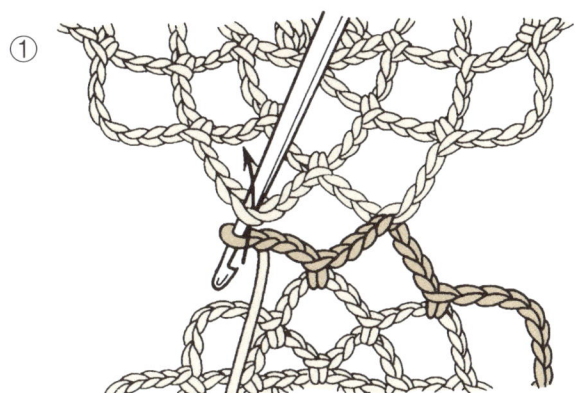
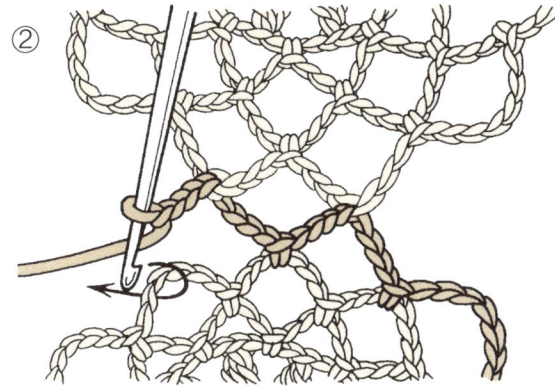

빼뜨기로 연결하기(B)

뜨개코에서 바늘을 빼고 다른 모티브의 겉면에 바늘을 넣고 겉으로 빼내 뜹니다. 이 방법은 짧은뜨기나 1길긴뜨기에도 응용할 수 있습니다.

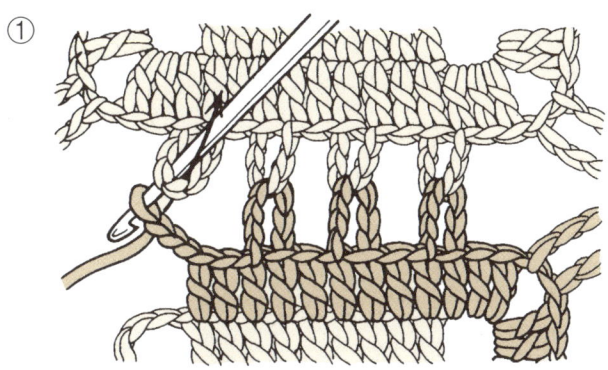
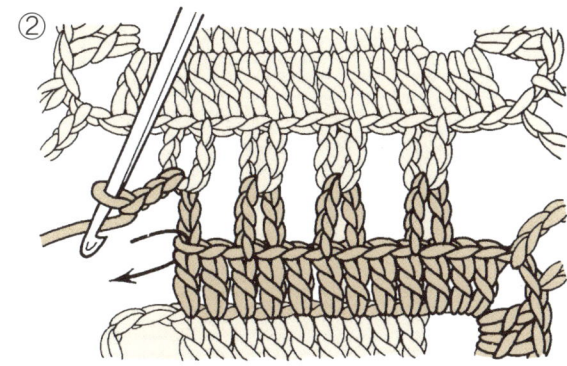

짧은뜨기로 연결하기

연결할 모티브의 안면에 바늘을 넣고 짧은뜨기를 합니다. 그물뜨기나 피코뜨기를 연결할 때 자주 사용합니다.

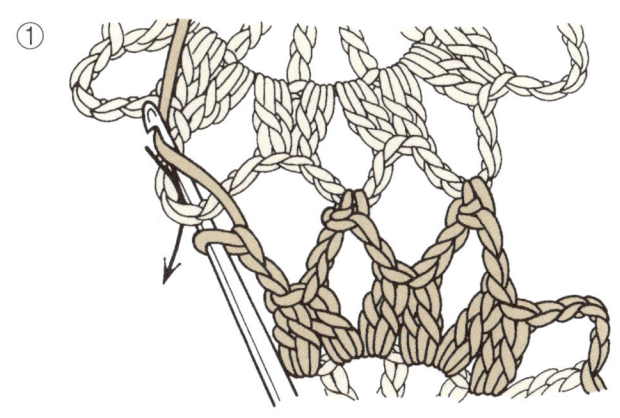
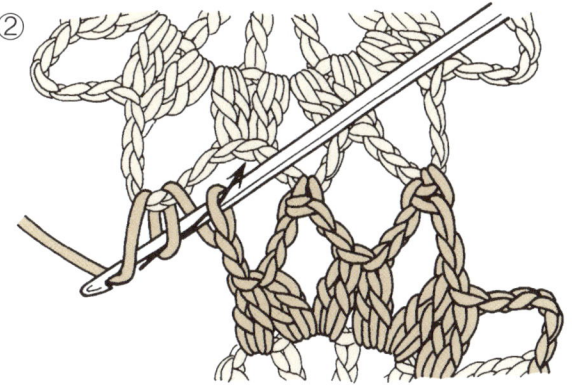

| 1길긴뜨기로 연결하기 | 연결할 모티브의 안면에 바늘을 넣고 1길긴뜨기를 합니다. 모티브 사이를 떨어뜨리고 싶을 때 사용합니다.

① 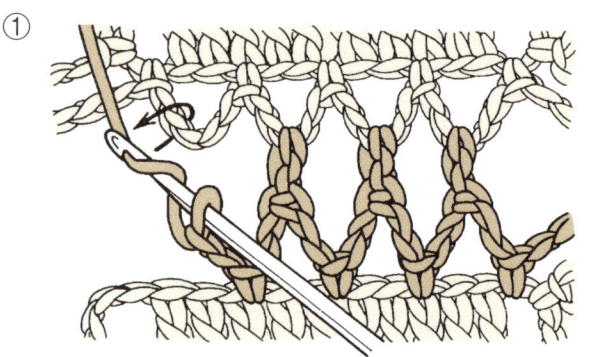　②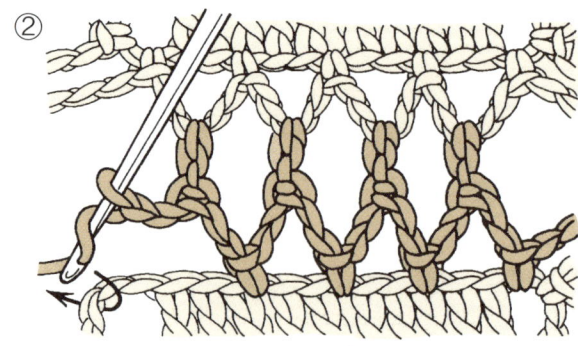

완성한 모티브 연결하기

| 빼뜨기로 연결하기(A) | 모티브의 겉면에 바늘을 넣고 실을 걸어 화살표 방향으로 빼뜨기를 합니다.

① 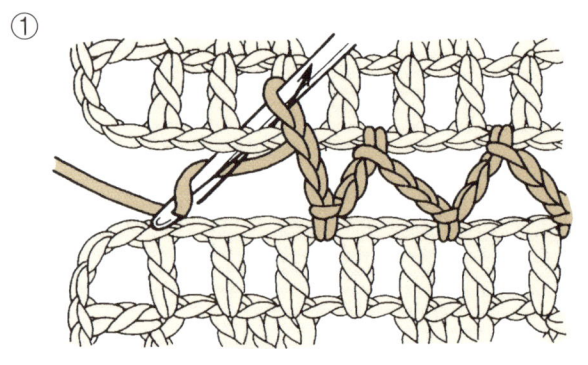　②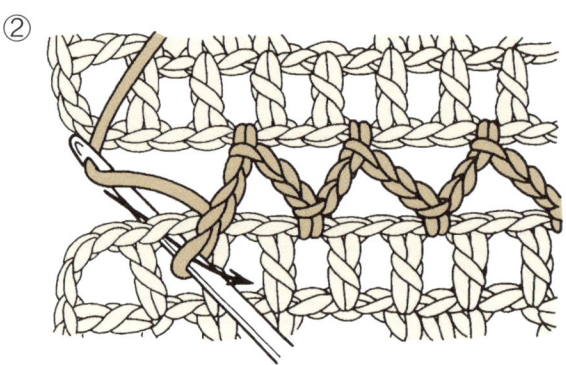

| 빼뜨기로 연결하기(B) | 연결할 때 뜨개코에서 바늘을 빼고, 다른 모티브의 겉면에 바늘을 넣고 그 코가 뒤틀리지 않게 바늘에 걸어 겉으로 빼내 뜹니다.

① 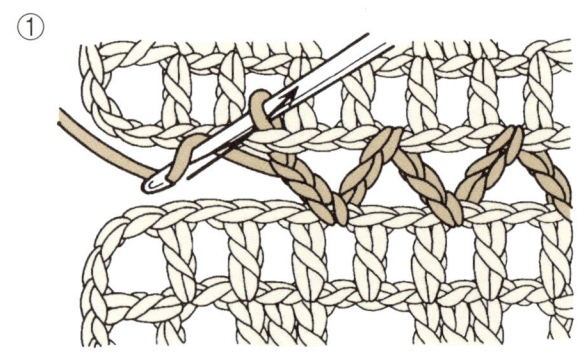　②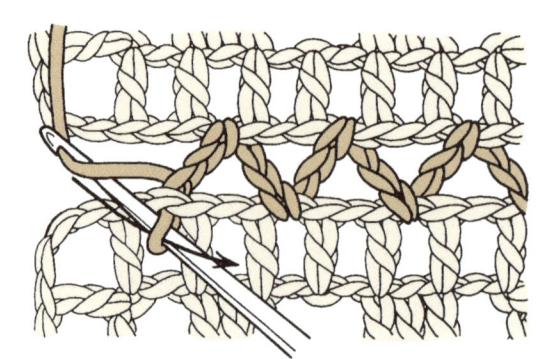

짧은뜨기로 연결하기

건너편의 모티브는 안면에서 바늘을 넣고 앞에 있는 모티브는 겉면에서 바늘을 넣어 각각 짧은뜨기를 합니다.

①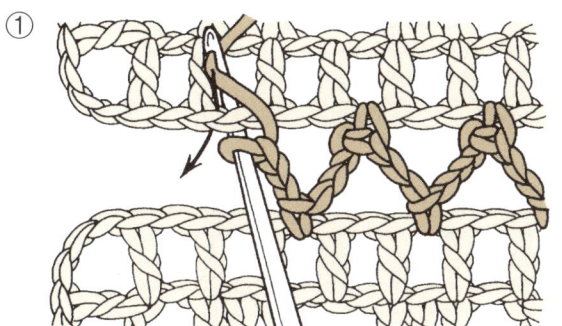
②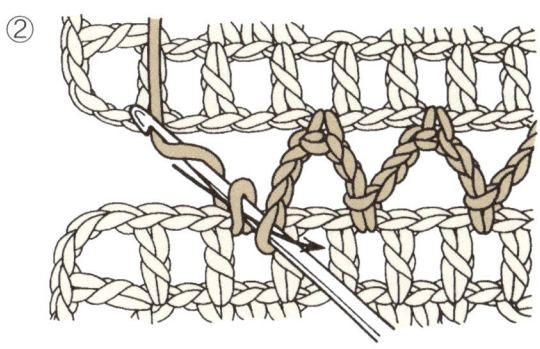

1길긴뜨기로 연결하기

건너편의 모티브는 안면에서 바늘을 넣고, 앞에 있는 모티브는 겉면에서 바늘을 넣어 각각 1길긴뜨기를 합니다. 1길긴뜨기 사이의 사슬뜨기 수로 1길긴뜨기 간격을 조절합니다.

①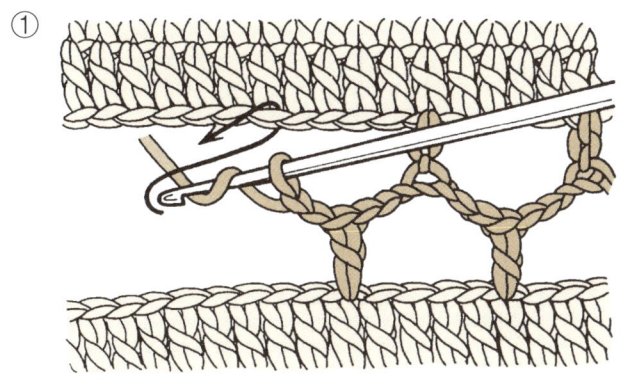
②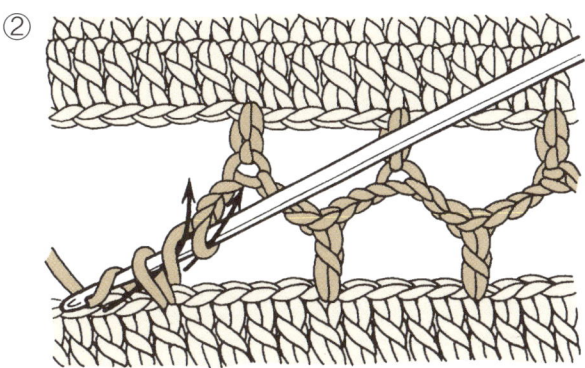

1길긴뜨기 2코 한 번에 연결하기

자기 앞의 모티브 겉면에 바늘을 넣어 미완성의 1길긴뜨기를 하고, 다시 바늘에 실을 걸고 건너편 모티브의 안면으로 바늘을 넣어 미완성의 1길긴뜨기를 합니다. 다시 바늘에 실을 걸어 바늘에 걸려 있는 고리를 전부 빼냅니다.

①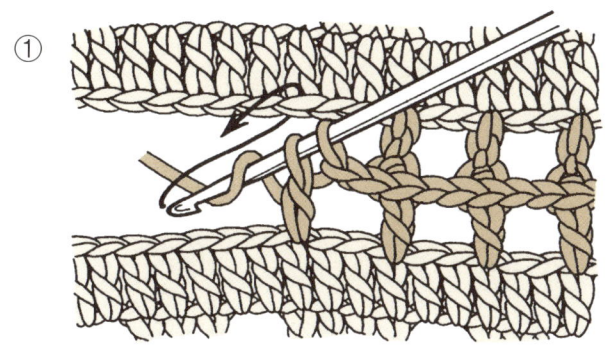
②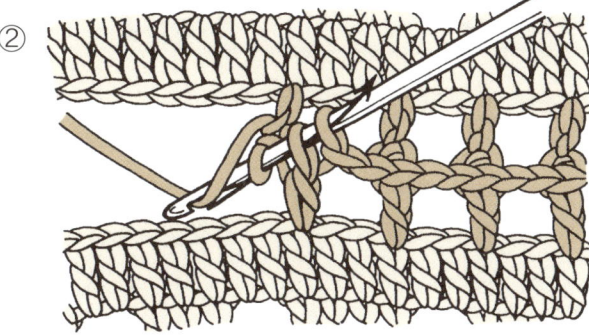

공간 메우기

연결한 모티브 사이의 공간이 크다면 완성도가 떨어져 보입니다. 사슬뜨기나 1길긴뜨기로 공간을 메우면 작품의 완성도가 훨씬 높아집니다.

가운데에서 모티브 방향으로 짧은뜨기, 사슬뜨기와 빼뜨기로 메우기

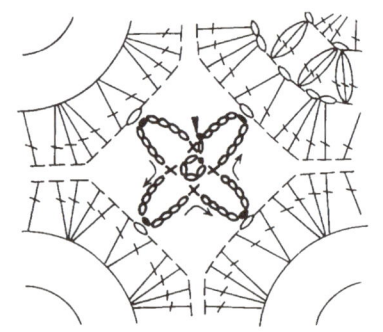
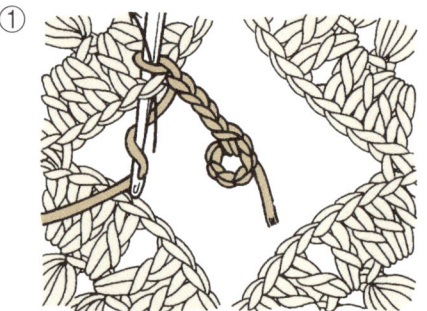

가운데에서 모티브 방향으로 짧은뜨기와 사슬뜨기로 메우기

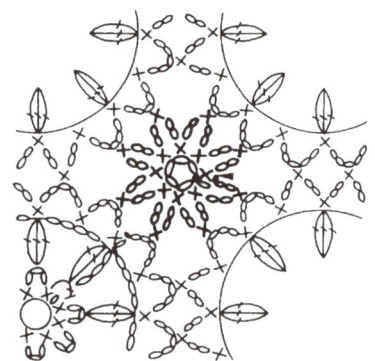
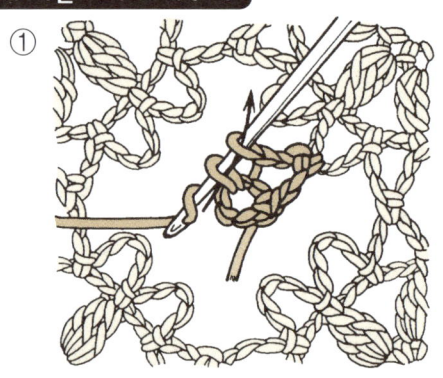

모티브에서 가운데 방향으로 짧은뜨기, 사슬뜨기와 역Y자뜨기로 메우기

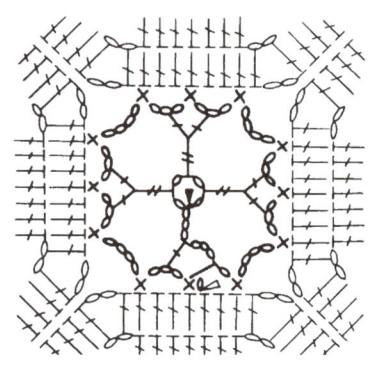
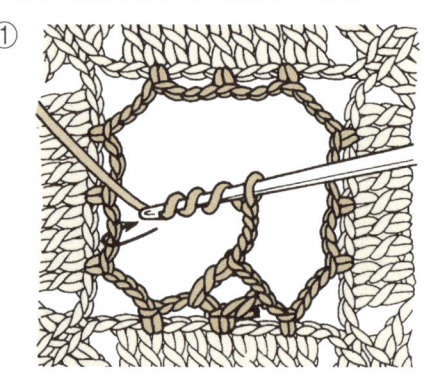
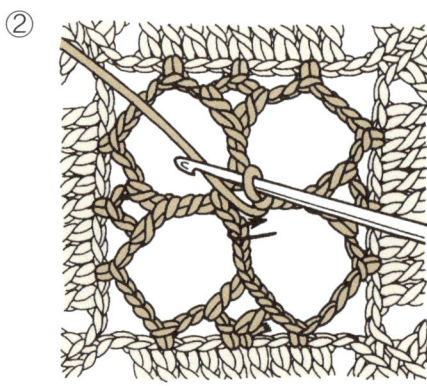

모티브에서 가운데 방향으로 2길긴뜨기로 메우기

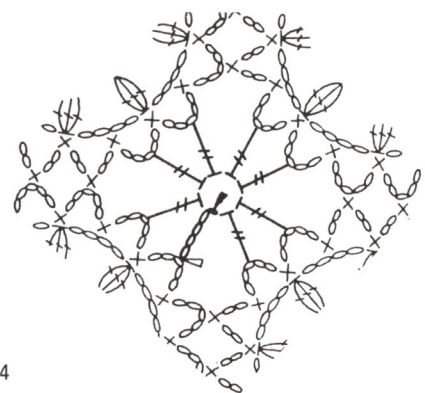
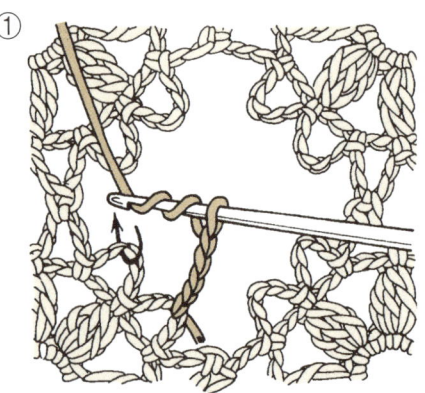
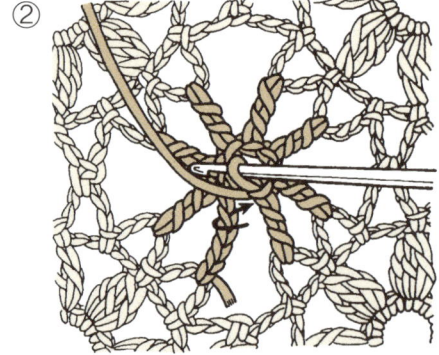

단춧구멍과 단춧고리

단추를 채우는 단춧구멍이나 단춧고리는 작품을 만드는 데 중요한 요소입니다. 단춧구멍은 앞단을 겹쳐 편물 사이에 구멍을 내어 만듭니다. 단춧고리는 편물을 맞대고 편물의 끝에 만듭니다.

단춧구멍

편물 사이에 단추를 끼우는 구멍을 만듭니다. 뜨개코에 대해선 평행이 됩니다. 예를 들어, 옷의 앞뒤 판을 뜨면서 구멍을 내면 가로로 구멍이 생기고, 옆선에서 코를 주워 뜨는 경우에는 세로로 구멍이 생깁니다.

짧은뜨기 편물에 구멍 내기

단춧구멍을 만들 위치에 사슬뜨기를 하고 아랫단의 코를 건너 띄어 뜹니다. 다음 단의 사슬뜨기 부분에서 아랫단에서 건너 띈 수만큼 짧은뜨기를 합니다.

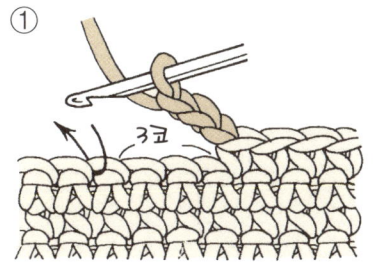
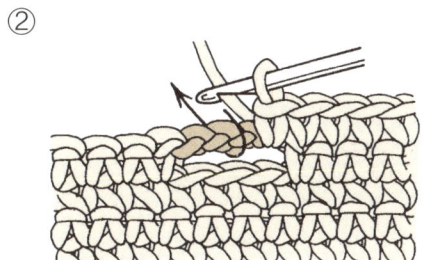
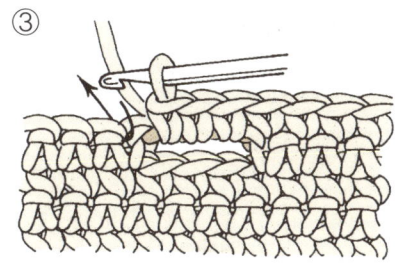

1길긴뜨기 편물에 구멍 내기

단춧고리 크기의 1코 전까지 뜬 후 다른 실을 걸어 단춧고리(아랫단에서 쉬게 할 콧수) 크기와 같은 콧수의 사슬뜨기를 합니다. 그런 다음 쉬게 할 코의 1코 앞에서 빼뜨기로 고정시키고 실을 자릅니다. 쉬고 있던 실로 다른 실을 건 코에 1길긴뜨기를 계속해서 사슬뜨기의 뒷산 부분을 주워 아랫단에 쉬게 한 콧수만큼 1길긴뜨기를 합니다. 빼뜨기를 뜬 코에도 1길긴뜨기를 하고 그대로 뜹니다.

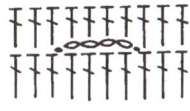

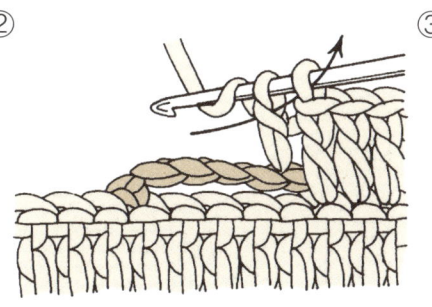
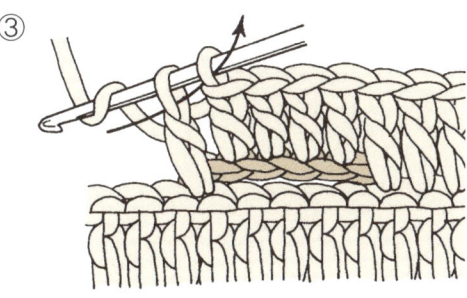

단춧고리

편물의 끝에 단추를 채울 고리를 만듭니다. 만드는 방법에 따라서 고리의 크기가 달라지므로 단추크기나 디자인에 맞춰서 선택합니다.

짧은뜨기 고리

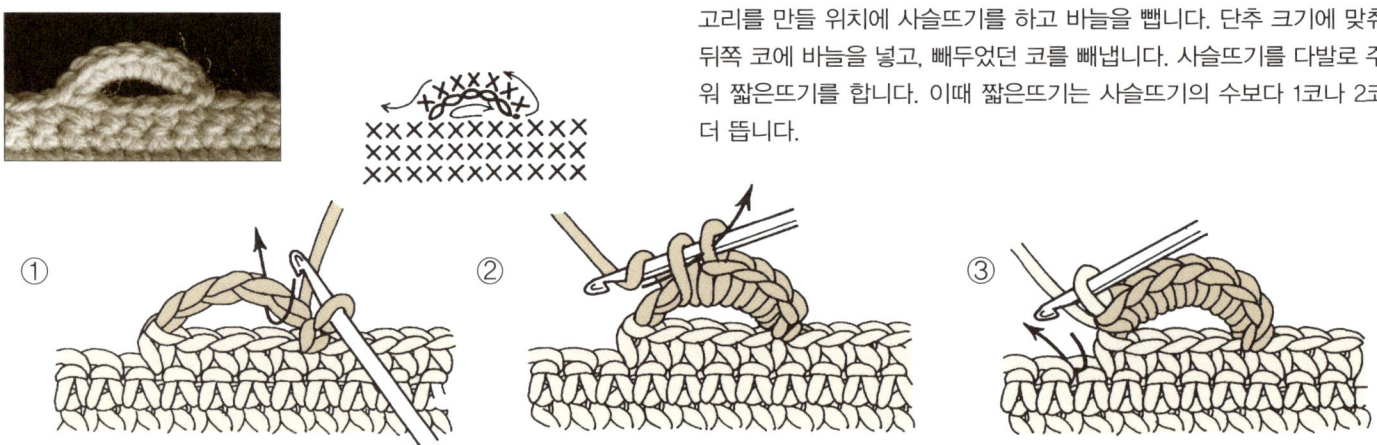

고리를 만들 위치에 사슬뜨기를 하고 바늘을 뺍니다. 단추 크기에 맞춰 뒤쪽 코에 바늘을 넣고, 빼두었던 코를 빼냅니다. 사슬뜨기를 다발로 주워 짧은뜨기를 합니다. 이때 짧은뜨기는 사슬뜨기의 수보다 1코나 2코 더 뜹니다.

빼뜨기 고리

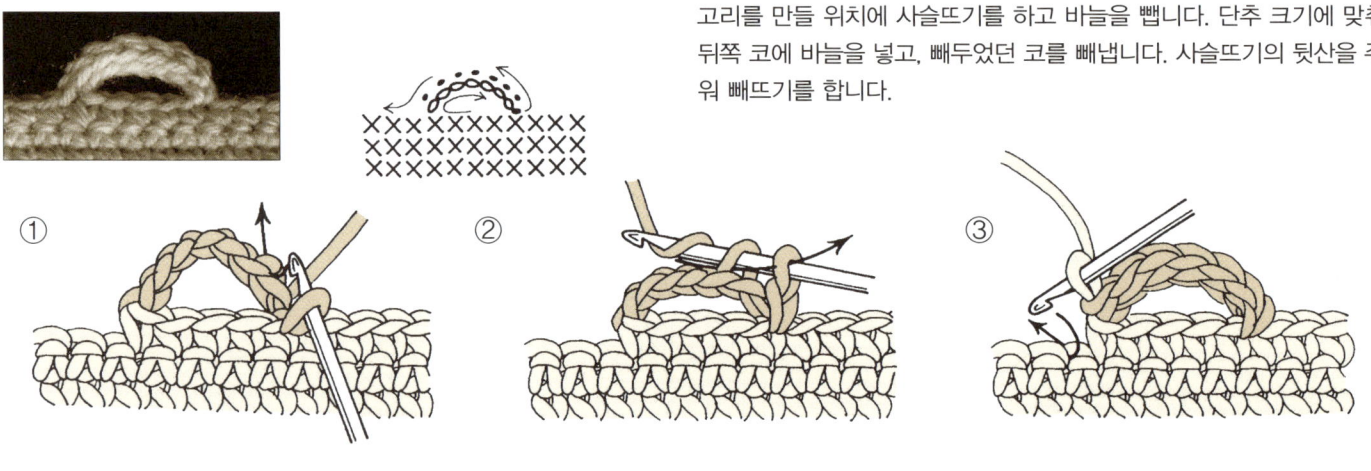

고리를 만들 위치에 사슬뜨기를 하고 바늘을 뺍니다. 단추 크기에 맞춰 뒤쪽 코에 바늘을 넣고, 빼두었던 코를 빼냅니다. 사슬뜨기의 뒷산을 주워 빼뜨기를 합니다.

버튼홀 스티치 고리

돗바늘에 고리를 만들 실을 끼우고 버튼홀 스티치를 할 심지를 만듭니다. 2가닥의 심지를 만들어 버튼홀 스티치를 합니다. 버튼홀 스티치는 심지가 보이지 않도록 촘촘하게 합니다.

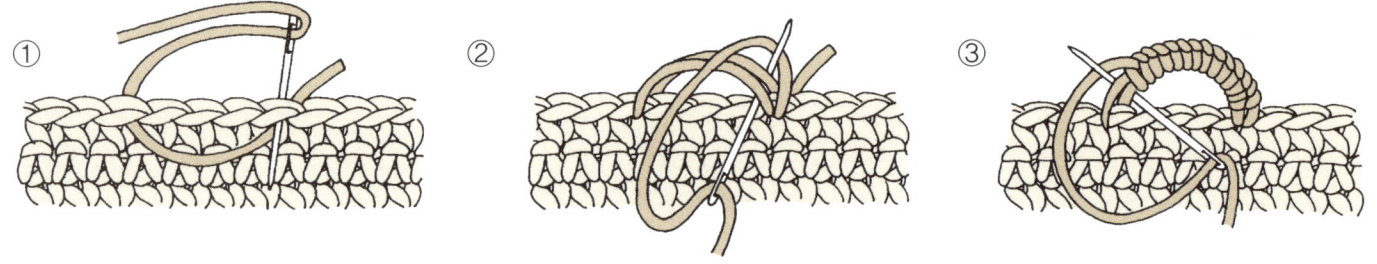

끈 만들기

벨트나 장식물 등에 사용됩니다. 실을 몇 가닥 모아서 두꺼운 끈으로 만들거나 소재에 따라 세련된 끈도 만들 수 있습니다. 기법에 따라 배색을 넣어 색다르게 만들 수도 있습니다.

빼뜨기 끈

끈의 길이보다 10% 길게 사슬뜨기를 합니다. 사슬뜨기가 뒤틀리지 않게 뒷산을 주워 빼뜨기를 합니다.

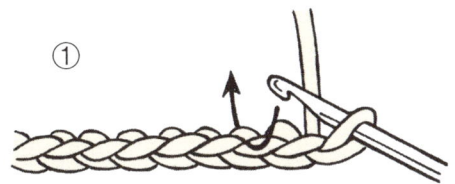

새우뜨기 끈

사슬뜨기를 1코 뜨고 아래 매듭에 바늘을 넣어 짧은뜨기를 합니다. 편물을 왼쪽으로 돌려 뒤로 넘깁니다. ④ 그림과 같이 짧은뜨기의 다리에 바늘을 넣어 짧은뜨기를 합니다. 또 편물을 왼쪽으로 돌려 ⑧ 그림과 같이 바늘을 넣어 짧은뜨기를 합니다. ④~⑦ 과정을 반복합니다.

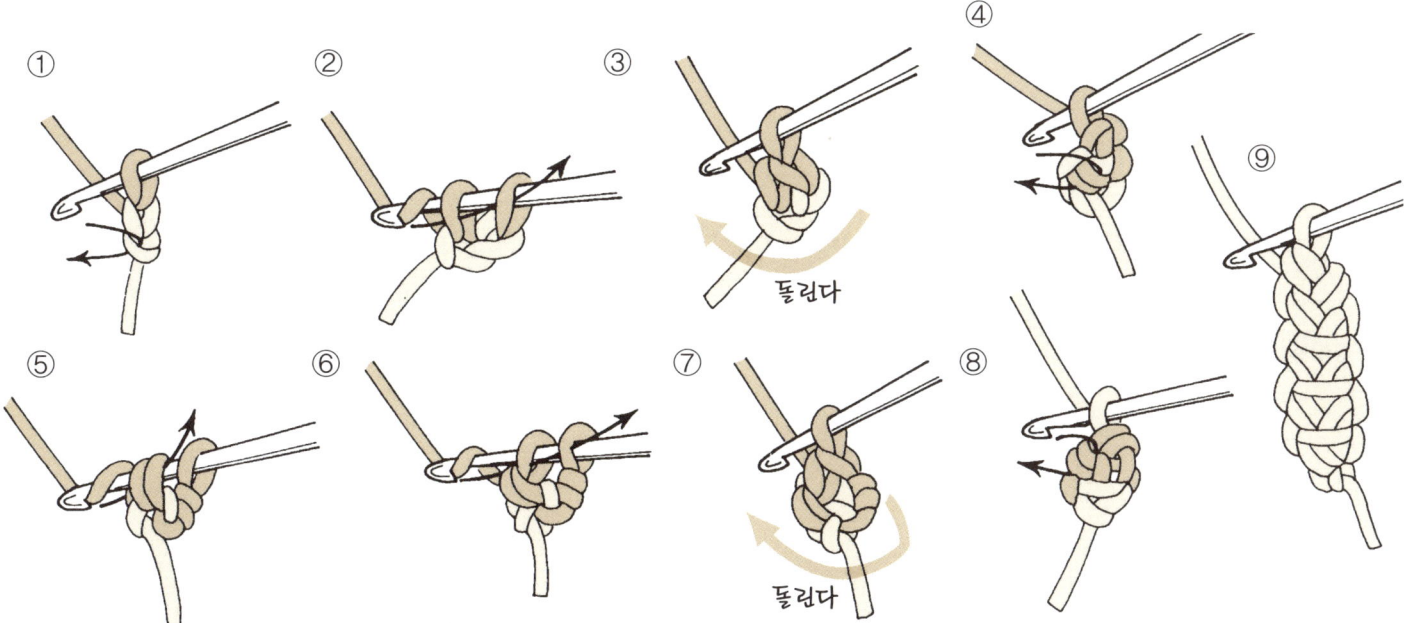

이중 사슬뜨기 끈

사슬뜨기를 1코 뜨고 사슬뜨기의 뒷산을 주워 실을 빼냅니다. 빼낸 고리에서 바늘을 빼고 바늘에 걸려 있는 고리를 사슬뜨기 합니다. 빼둔 고리에 바늘을 넣어 실을 빼냅니다. 이때 사슬뜨기는 왼쪽과 오른쪽이 맞도록 주의하면서 떠야 합니다.

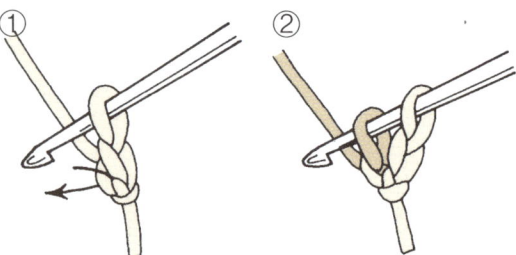
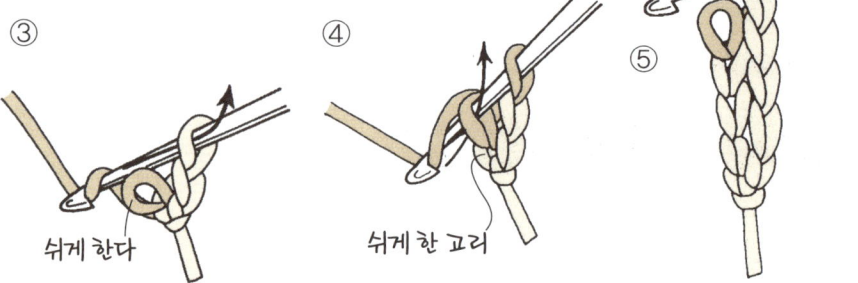

변형 이중 사슬뜨기 끈

뜨개실을 시작코처럼 바늘에 감고 그 위에 다른 실을 바늘에 걸어 화살표 방향으로 빼냅니다. 다시 다른 실을 화살표 방향으로 줍고 뜨개실을 걸고, ③의 화살표 방향으로 빼냅니다. ④, ⑤ 과정을 반복합니다.

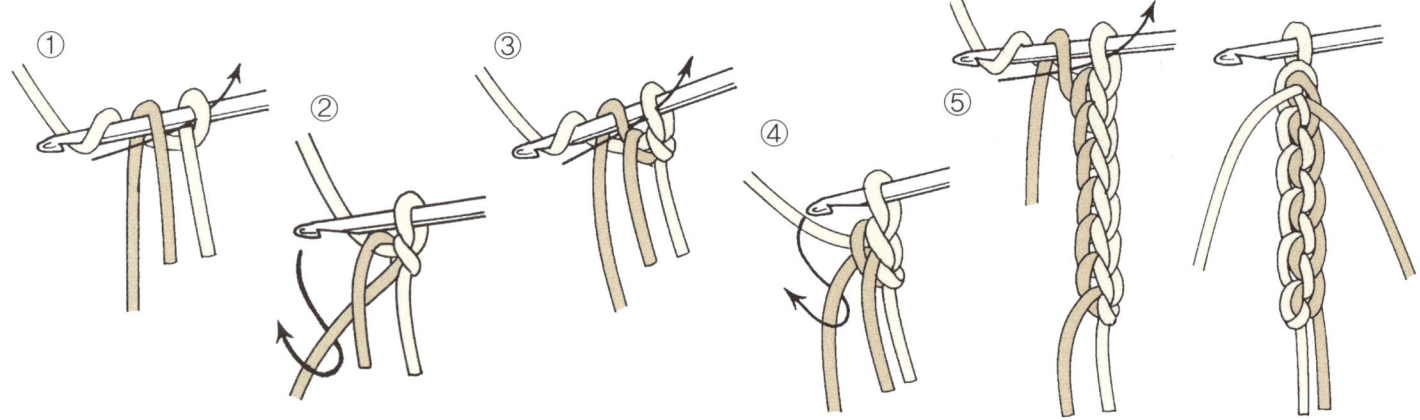

4개를 엮어서 만든 끈

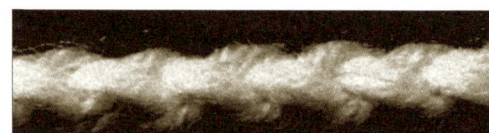

4개의 실을 2개씩 교대로 교차해서 만듭니다. 짜는 방법으로 배색실의 방향이 바뀌므로 같은 방향으로 교차시켜야 합니다. 이때 실은 완성되었을 때 길이의 약 1.4배가 필요합니다.

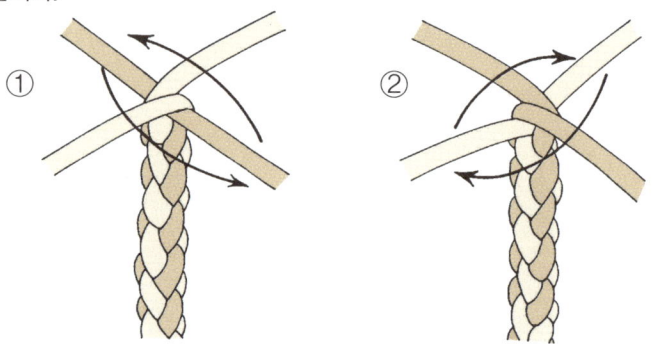

지은이 부티크사 편

옮긴이 이은옥
한서대학교 실내디자인학과를 졸업한 후 일본으로 유학을 떠나 일본어를 공부했다. 귀국 후 무역회사에서 일본어 통번역사로 근무했다. 현재, 한국손뜨개협회 강사로 활동하며 특강을 진행하기도 한다. 2014년 Hand-Knitting 대전에서 특별상을 받았다.

감수 박진선
손뜨개 쇼핑몰이자 전문 교육업체인 바늘이야기 대표 강사. 2010년 Hand-Knitting 대전에서 대상을 수상했고 2011년부터 손뜨개 전문 강사로 활동하고 있다. 손뜨개 이론 수업은 물론 창업반 지도를 통해 손뜨개 전문가를 양성하는 일에 매진하고 있다.

Lady Boutique Series No.3686 WAKARIYASUI KAGI BARI AMI KISO TECHNIC
© Boutique-sha, Inc. 2013

Originally published in Japan in 2014 by Boutique-sha, TOKYO,
Korean translation rights arranged with Boutique-sha, TOKYO,
through TOHAN CORPORATION, TOKYO, and BC Agency, SEOUL.

이 책의 한국어판 저작권은 BC Agency를 통한 저작권자와의 독점 계약으로 황금부엉이에 있습니다. 저작권법에 의해 한국 내에서 보호를 받는 저작물이므로 무단전재와 무단복제를 금합니다.

손뜨개가 정말 쉬워지는
코바늘 기초 테크닉

2014년 12월 3일 초판 1쇄 발행
2021년 1월 20일 초판 5쇄 발행

지은이 | 부티크사 편
옮긴이 | 이은옥
감 수 | 박진선
펴낸이 | 이종춘
펴낸곳 | (주)첨단

주소 | 서울시 마포구 양화로 127 (서교동) 첨단빌딩 3층
전화 | 02-338-9151
팩스 | 02-338-9155
인터넷 홈페이지 | www.goldenowl.co.kr
출판등록 | 2000년 2월 15일 제2000-000035호

본부장 | 홍종훈
편집 | 조연곤
교정교열 | 강현주
본문 디자인 | 조서봉
전략마케팅 | 구본철, 차정욱, 나진호, 이동후, 강호묵
제작 | 김유석
경영지원 | 윤정희, 이금선, 이사라, 정유호

ISBN 978-89-6030-407-9 13630

BM 황금부엉이는 (주)첨단의 단행본 출판 브랜드입니다.

※ 값은 뒤표지에 있습니다.
※ 잘못된 책은 구입하신 서점에서 바꾸어 드립니다.
※ 이 책은 신저작권법에 의거해 한국 내에서 보호를 받는 저작물이므로 무단 전재 및 복제를 금합니다.

황금부엉이에서 출간하고 싶은 원고가 있으신가요? 생각해보신 책의 제목(가제), 내용에 대한 소개, 간단한 자기소개, 연락처를 book@goldenowl.co.kr 메일로 보내주세요. 집필하신 원고가 있다면 원고의 일부 또는 전체를 함께 보내주시면 더욱 좋습니다. 책의 집필이 아닌 기획안을 제안해 주셔도 좋습니다. 보내주신 분이 저 자신이라는 마음으로 정성을 다해 검토하겠습니다.